JN117282

子ども
かんさつ帖

鈴木純
植物観察家

anonima st.

まえがき

　娘の成長と、植物の成長は同じだなと、よく思う。もちろん、同じように育つという意味ではない。人も植物も、然るべき順序を踏んで成長していく。その点において、両者は同じだなと思うのだ。

　僕は普段、「植物観察家」という肩書で、植物の撮影や本の執筆、ガイドなどを仕事にしている。なので、植物のことは少し分かる。たとえば、植物の種を庭にまいた時、僕がいくら「花よ咲け！」と念じても無駄だ。種からいきなり花が咲くことはない。種からはまず子葉が出て、次に本葉が出る。そして、茎が伸び、葉が大きくなってようやく花のつぼみが現れる。種類や個体により多少の違いはあれど、植物はそうして成長すると決まっている。なので、僕に出来ることは、それが枯れないように見守り、成長しやすいように周りの環境を整えることくらいで、基本的には「待つ」しかない。そして、植物の命を「信じる」だけだ。

　娘の成長過程を観察していると、ヒトの成長にも順序があることがよく分かってくる。僕はそれを観察しているのが楽しくて、気付いたことがあればメモを取るようにしてきた。その中から、特に「発達」に関する気付きを取りだしてまとめたのがこの本だ。いち生物好きとしての観察記録という側面があるが、他ならぬ我が子の観

察なので、客観的な観察など到底できようがない。さらに、いま目の前で起きている娘の成長は、かつての幼い頃の自分の成長とも重なるので、それを見ている僕の気持ちも大きく揺れ動いてしまう。そんな個人的な感情も、この観察記録には、そのまま込めている。

　子どもの専門家ではない僕が、子どもの本を出すことにどんな意味があるのか。じつは自分でもよく分かっていない。でも、いま自分のなかにある新鮮で採れたての驚きは、僕が想像しないところで、誰かの何かの役に立つことがあるかもしれないなとは思う。それくらい、子どもを通して得られる学びは深い。近所の子どもの成長を見るような気持ちで、気軽にお読みいただければ嬉しいです。

　事前にお伝えしたいことが2点あります。まず、「発達」というと、そこには「早い」とか「遅い」といった形容詞がついてくるのが常ですが、僕はそれをほとんど意識していません。早くても遅くても、それはその命の個別のペースだと思うからです。これは、あくまで僕の娘の成長記録なので、一般化せずにお読みいただければ幸いです。

　また、この記録は、0歳11か月から始まります。これは、僕の目に娘の成長がはっきりと映るようになってきたのがこの時期からだったからです。その理由は、p.120に収録した夫婦の会話で触れています。

目次

069 2歳8か月〜3歳0か月

文法を理解し始める◆目的を意識した行動をする◆勝ちって、なに?◆風景と物語を描くようになる◆娘にとっての「昨日」◆ぱっぱいと牛乳の味◆自然のものでよく遊ぶようになる◆自分でイチゴサンドを作る◆思いもよらぬ遊びを生む

082 3歳1か月〜3歳4か月

水の探求は続く◆目をつぶれるようになる◆遊びと生活が繋がり始める◆はじめてのデザイン◆観察眼の向上◆娘の地図と、娘の時間◆作品名『お歌が流れてきた』◆虹を作る◆やっと命ついた◆同じ場所で、違う時間を過ごす◆蝶々になる◆娘のしりとり◆寝言をよく言うようになった◆車の音が聞こえた◆はじめてクイズを出す◆思い出を持っている

102 3歳4か月〜3歳7ヶ月

「厚い⇔薄い」、「薄い⇔濃い」◆夕方を知る。朝は知らない◆ハートが描ける。三角は描けない◆ストローの学び◆娘、怒る◆算数なのか国語なのか◆娘の「痛い」が分からない◆ものすごくオシャレになる◆工作のレベルが上がる◆ついに同い年の友達が出来る◆上から見た絵を描く◆自然遊びと物語◆うさぎを描くようになる◆「よく育てたねぇ」

エッセイ

自分で食べる

　離乳食はほぼ丸飲み状態だった娘が、突然ニンジンをもぐもぐ噛んで食べるようになった。噛み方はだれも教えていないのに、どうやって覚えたのだろうか。

　不思議なことに、自分でもぐもぐするようになった娘は、ごはんを食べることを嫌がるようになった。その理由がしばらく分からなかったのだけど、試しにスプーンを渡してみたところ、娘はそれを使ってごはんをパクッと食べてくれた。

　うぅむ。もしかしたら娘は、ごはんを食べたくないのではなくて、食べさせられたくなかっただけなのかもしれない。自分の身体を自分で動かすことが出来るようになると、自らの意思が出てくるのだろうか。

はじめて
絵を描く

腕と手がかなり自由に動くようになって
きたので、クレヨンと紙を渡してみた。その
意味はまるで分かっていないようだったが、
娘はそれらを一色ずつ紙にたたきつけてく
れた。

あまり楽しそうではなかったものの、こ
れは記念すべき娘のはじめての絵だ。僕は
とても嬉しかった。

ものをくれるようになる

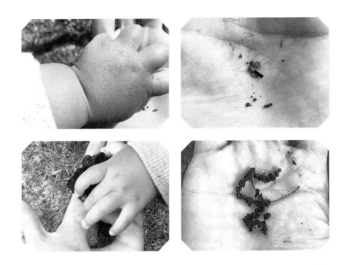

　気付けば自力で立てるようになり、数歩は歩けるようになった。ずっと見ていたのに、いつの間に、という感じだ。

　手を引きながらお散歩していると、娘が突然しゃがみこんだ。地面を触り、何かを拾っているようだ。そして、はいっという感じで、手に掴んだそれを手渡してきた。見ると、僕の手の平には木の皮みたいなものと土が置いてあった。

　何がなんだか分からないが、これは娘が生まれてはじめてプレゼントしてくれたものなので、一応写真を撮っておいた。

　その後、散歩をする度に、落ちていたコナラの花や小石を拾っては、はいっと渡してくれるようになった。

水の研究が始まる

公園で、水飲み用の蛇口を見
つける。娘が触りたがったので、
蛇口をひねって水を出してあげる。
すると娘は、それに指先でそっ
と触れ、続いて手全体で水を触
った。しばらく遊んでいるうちに、

何を思ったのか、娘は拾った小石を蛇口の上に乗せた。すごい。小石が
浮かんだ！

最後には、蛇口に指を思い切り突っ込む。水がぶしゅーっと飛び、自
分の顔に直撃。服もびしょ濡れになり大泣き。すっかり意気消沈。

また別の日、雨が降ったので、その様子を見に外に出てみる。

道路に出来ていた水たまりの近くでしゃがみこみ、手で触る。はじめ

は恐る恐る、次第に大胆に。しまいには
腕を大きく水平に動かして、水をビシャ
ーッと飛ばして喜んでいた。

なぜ水は、娘を惹きつけるのだろう。

世界の回路が繋がり始める

スプーンを投げると、それは下に落ちるのだということを理解した。それを確かめるために何度も何度もスプーンを投げている。楽しそうだ。

これまでは、スプーンを投げるとその瞬間に娘の世界からスプーンは消えてなくなっていた。下に落ちているスプーンを見つけても、それが、さっき自分が投げたスプーンと同じものとは認識していない様子だったのだ。でも、どうやらいま、点の認識で世界にあった物事が、娘の中で繋がりを持ち始めているらしい。

「いないいなーい」の後には、「ばぁー」が続く。太鼓をたたいたら、音が出る。絵本を指さしたら読んでもらえる。世界の回路が繋がってくると、何かと便利だ。

また、ものにはセットがあるということも理解し始めたようで、丸い穴にボールを落とすおもちゃが出来るようになる。まぁ、これはあまり楽しそうではないのだけど。

イヌとハトを認識

「あんあん」
が出てきた
絵本。

絵本の中にイヌが出てきた時、それを指さして「あんあん」と言った。どうやらイヌという存在を認識しているらしい。というか、そもそも言葉が出たことにびっくりした。

それじゃあ次はハトでも教えてみるかと、散歩中にハトを追いかけてみた。娘はちょっと怖いみたいでこちらにギュッとしがみついてくる。でも、その目はハトの動きをちゃんと追っている。

帰ってきてから、ハトが登場する絵本を読んでみた。すると、絵本の中のハトのことも娘は怖がった。どうやらハトも認識出来たようだ。

娘はいつの間にか、絵で描かれたものと、現実のものが一緒だと理解する能力を身に付けていたらしい。けっこうすごいことだと思う。

娘の中の
秩序を見た

　僕が発熱したため、念のため別室で寝ることに。すると、娘が号泣して部屋に入って来ようとした。パートナーの千尋さんが、「今日はお父さんは別の部屋よ」と連れ出しても、何度も襖をたたいて絶叫する。しかたがないので僕も寝室に行くと、娘はすぐにニコニコになった。そして、ひとしきりはしゃいだ後に、すぐに寝た。

　娘も僕も千尋さんも、それぞれに大変だったけれど、大事な気付きがあった。もしかしたらこれは、娘の中にある秩序が乱されたことが原因だったのかもしれない。

　寝る時は、親子3人が同じ部屋で寝る。そういうものだと娘は世界を理解していたのに、急に僕だけ違う部屋で寝ようとしたら、そりゃ混乱するよな。と思う。

　そういえば、部屋の模様替えをした時も、娘が落ち着かなくなってしまった時があった。いまは、娘の中の秩序を大切にしてあげた方が良い時期みたいだ。

めちゃくちゃ語をしゃべり、
新しい物事に触れる毎日

娘なりの言葉を使うようになる。

「あ、お、てぃ」は煮干し、「あ、お、ぷ」はトマト。めちゃくちゃ語でも、なぜか彼女の意思がちゃんと伝わってくるのが面白い。

はじめて梅干しを食べてビックリ。ブルブル震える。シールは、貼ることが出来るものなのだと知り、喜ぶ。自分の太ももにたくさん貼り付けた。

新しい言葉、新しい味、新しい手触り。新しいものをどんどん吸収中。

はじめての歌

歌っている途中で
静かになったと
思ったら
寝ていた。

2か月ほど前から、自転車で保育園に向かう時に、娘が「あーうーうー」とよく言葉を発していた。僕は、これを言葉の練習だと思っていた。

しかし今日、それに音階がついていることに気が付いた。よく聴くと、それは「きーらーきーらーひーかーるー　おーそーらーのーほーしーよー」になっていた。

僕が気付かぬうちに、娘はずっと歌を歌っていたのだ。感動。

お絵描き大爆発

保育園から、画用紙に絵の具で絵を描いてくる宿題が出る。

これまで、娘にはことあるごとにクレヨンを渡してみていたのだが、娘が絵を描くことに夢中になることはなかった。

この宿題、出来るだろうか。と心配しながら水彩絵の具を渡してみたところ、なんと娘のお絵描き心がいきなり大爆発。見事な筆さばきを見せ、親を驚かせた。

絵の具を使うには、①筆を持ち、②水で濡らし、③絵の具をつけて、④描く、という4つの作業をこなすことが必要だ。これだけのことを、娘はもう出来るようになっていたらしい。

娘の様子を見ていると、絵の具はあまり力を必要としないのだということに気が付いた。僕はこれまで、「子ども＝クレヨン」という安直な考えでクレヨンを渡していたが、娘にとってクレヨンはまだ使いにくかったのかもしれない。

いまの娘の発達段階に応じた道具を選んであげることの重要さに気付いた瞬間だった。娘のこと、もっと観察しておかなくちゃなあ。

椅子に座れない

その時に、
千尋さんが
書いたメモ。

椅子に自分で座ろうとする。

まず、ちょっと遠くから椅子の方を向き、椅子がどこにあるのかを確認する。そして、そのまま真っすぐ椅子の方に歩いていけばいいのに、娘はその位置でくるっと身体の向きを変えてしまう。椅子を背にしたまま、娘はじわじわと後ずさりしていく。そして、ここだっというところで腰をおろすのだが、たいていそこには椅子はなく、娘はそのまましりもちをついてしまう。

そーっと腰をおろして、そのまま床に着地する様子がたまらなく可愛い。たまに成功する時もあって、その時は「おーーっ」と声を発する。

エッセイ
絵本について

　絵本が大好きな娘。3歳半になったいまでは少し減ったが、1〜3歳児の頃は少なく見積もっても1日平均10冊は読んでいたと思う。

　365日×2年×10冊と計算すると、なんと2年間で7300冊もの絵本を読んだことになる（もちろん、同じ絵本を何度も読むので、これは延べ数だ）。

　どうしてこんなに読んだのかというと、その理由は簡単。ほかならぬ娘が求めてきたからだ。

　きっかけは娘が1歳1か月の時に、五味太郎さんの『てのひら絵本』シリーズ（偕成社）を千尋さんが買ってきたこと。それまでは絵本を見せてもほとんど反応がなかった娘なのに（僕が気付けなかっただけの可能性も高いが）、この穴あき絵本は、すぐに娘を魅了した。一度読むと、「んっ！」と同じ絵本を指さす。もう一回という意味かな？と思い、また読んでみる。するとまた「んっ！」と同じ絵本を指さす。これを延々と繰り返した。この絵本には、各ページに指が通るくらいの穴があいていて、その穴を通して物語が繋がっていく仕組みになっている。もしかしたら、ページとページの繋がりを、つまり、そこには物語があることを、この時の娘ははじめて気付いたのかもしれない。

　これをきっかけに、娘は次々に絵本に興味を示すようになった。ちょうどタイミングよく、福音館書店の月刊誌『こどものとも0.1.2.』の定期購読を先輩にプレゼントしてもらっていた。10か月〜2歳児向けの絵本が毎月届くので、何を読んであげたらいいのかまるで見当もつかなか

った当時の僕たちには、これはとても大きな助けとなった。

　それ以外の絵本に関しては、はじめは本屋さんで買って読んでいたのだが、娘はだいたい、親が買ったものには興味を示さなかった。なので、僕たちはよく図書館に行った。娘自身に絵本を選んでもらって、それを読む。娘が気に入って、かつ親の僕たちの好みでもあったものは、後で購入するようにした。

　僕は、娘と絵本を読む時間がすごく好きだった。なぜなら、1歳近くの娘は母ちゃんにべったりで、なかなか父ちゃんの方へ振り向いてくれなかったからだ。でも、絵本を読む時だけは違った。絵本読むよー、と言うと、娘は僕の膝に素直に座った。僕は声を出して絵本を読む。娘は聞いている。読み終わると、「ぱったい（もう一回の意）」と言う。もう一回読む。これをしている限り、娘はずっと僕の膝にいてくれた。僕はそれが嬉しくて、毎日娘と絵本を読んだ。絵本は、僕と娘を繋いでくれた大切な存在だ。

　娘が2歳のある日、僕が止めなかったら、娘はいつまで聞き続けるのだろうかと思い、絵本をずっと読み続けてみた。娘の集中は驚くほどに途切れず、なんと2時間も聞き続けた。もっと続けてみたかったのだけど、僕がトイレに行きたくなってしまって終了になった。

　絵本への娘の没頭具合を見ると、この時間が娘に与えた影響は少なくなかっただろうなと思う。実際、娘はこれまで、自分の周りの世界を物語で理解してきたように感じるのだ。

　たとえば2歳4か月の時のこと。保育園から帰る時に、娘が空を指して「おつきさまー」と言ったことがあった。

　月ではなく夕日だったので、「あれはお日様だよ」と、僕は生真面目に

伝えた。すると、「なんでー?」と娘が言ってきた。「太陽が低くなったんだよ」と返すと、また「なんでー?」と来る。「太陽が低い位置にあったら、夕日って言うんだよ」と言い直すと、また「なんでー?」。

「太陽が低くなると、色が変わるの。ほら、オレンジ色の光が出てるでしょ? それを夕日って言うの」と伝えると、ちょっと考えてから「おひさまからゆうひがでたのー?」と言う。その表現が面白かったので、笑ってしまった。いま思い返すと、この表現、なんだか絵本っぽいなと思う。

また別の日、「おとうさんのおめめはなにー?」と聞かれたので、お目目か…、「お目目は、何かを見るものだね」と、これまた普通に答えてしまう。でも娘は楽しそうにこう言った。「お目目はー、うさぎさんにもらった! お耳はー、ぞうさん!」と。じゃあお鼻は?と聞くと、「ねずみさんにもらった!」とのお答え。

なるほど。娘はそんな風に世界を捉えているのか。そう思うと、娘のことがすごく羨ましくなった。娘は色々な動物になれるし、動物たちもまた、娘になることが出来る。これはまさしく、エスキモーの詩をもとに生まれた『魔法のことば』(福音館書店、金関 寿夫 訳 / 柚木 沙弥郎 絵) の世界観だ。2歳の娘が生きる世界を、出来ることなら僕も体験してみたいなと思う。

また、絵本には物語絵本のほかに、科学絵本があることも、同時に知った (こんなことだって、僕は娘を迎えるまで知らなかった)。

はじめはどちらかというと、僕が読みたくて手に取っていたのだけど、いつの間にか娘も科学絵本を好きになったようで、これまでに幼児向けの科学絵本もたくさん読んできた。

科学絵本が娘に与える影響は、物語絵本よりも分かりやすいものだった。たとえば、乗り物が出てくる絵本を読んでいると、娘が本当のボ

ートに乗りたいといってきたことがあった。よしきた、とさっそく公園に連れて行く。ボートを漕ぎながら、絵本のフレーズを口にする。そうして、絵本の中の体験が、実際の体験に変わっていく。

　また、石ころに水をつけると色が変わることを楽しむ内容の絵本（『ぼくのいしころ』、福音館書店、中村 文/文、齋藤 槙/絵）を読んだ後には、娘は川でいろんな石を拾い、そこに水をつけて遊んでいた。そして、その後しばらくは石濡らしが娘のブームになった。絵本というのは、子どもの友達にもなってくれるんだな、と思った。

　そしていま、3歳半になった娘は、その心を大きく成長させている。お母さんの気持ちを考えてみたり、自分の気持ちを言葉にしてみたりと、目には見えない内面のことを捉えるようになってきた。僕は、これにも絵本の影響を感じている。

　松岡享子さんの『サンタクロースの部屋』（こぐま社）の冒頭に、こんなことが書かれている。

> 心の中に、ひとたびサンタクロースを住まわせた子は、心の中に、サンタクロースを収容する空間をつくりあげている。サンタクロースその人は、いつかその子の心の外へ出ていってしまうだろう。だが、サンタクロースが占めていた心の空間は、その子の中に残る。

　まさにこれが、いまの娘に起きているのかもしれない。

　娘にもいつか、ひとりで字を読めるようになり、親の助けを必要としなくなる時が来るだろう。そうなった時にも、僕たちと一緒に絵本を読んだ時間が、娘の中で、誰かを信じ、受けとめる空間として残っていたらいいなぁと思う。それは、僕たち親にとっても、素敵なことだから。

言葉の表現が始まる

「ここ」、「やぁだ」、「ばいばい」、「いいよ」の4単語で意思を伝えてくるようになった。

「ここ」と床を指さしたら、隣に座ってという意味で、「ばいばい」は自分でやるからもうそれ以上手出ししないで（だからばいばい）という意味だ。娘の気持ちが分かるのはすごく嬉しいし、楽しい。

　ここから娘は、すごい勢いで言葉を習得していくようになる。ただ、キリンを「きいお」と呼んだかと思えば、どんな色の色鉛筆を指さしても「きいお」と言ったりするので、まだ正確に言葉を理解しているわけではなさそうだ。でも、なんでも黄色の世界って、ちょっと面白いなと思う。

　また、「あっかー」と言って、自信満々に青い色鉛筆を持ち上げる娘を見ると、色というものの難しさを感じる。

会話が出来る

　娘の口から次々に言葉が飛び出してくる。千尋さんと一緒に数えると、なんと51単語も扱えるようになっていた。

　今日は保育園で何したの？　と聞くと、「しゅいーんって」との回答が返ってきた。たぶん滑り台のことだ。ほかには？　と聞くと「しぇんしぇ」と返ってくる。先生、だろう。さらに、ほかには？　と聞くと、何か言いたそうな表情をした後で、口をパクパク動かした。なるほど。おそらく今日は、「滑り台をして、先生と遊び、ごはんを食べた」のだろう。娘の状況説明を理解することが出来て嬉しい。

　後日、娘が「おいしょ、おいしょ、しゅいーんって」と言っていたと千尋さんが教えてくれた。これはきっと、「おいしょ、おいしょ」と滑り台の階段を上り、「しゅいーん」って滑り降りた。という意味だろう。もう、めちゃくちゃ可愛い。

　僕も自分で聞きたかったなぁ。この表現。

自分のものと相手のもの

娘が保育園で作ってきたお面を、ぬいぐるみに付けておいた。すると、それを見つけた娘が、それはわたしのだと強い主張をして、ぬいぐるみから取り返した。娘はこのあたりから、食べ物や、そのほかのものに対しても、自分のものであることにこだわりを示すようになる。

そうかと思えば、その2週間後には「これ、わたしのー?」、「これ、おかあさんのー?」、「これ、おとうさんのー?」と、それが誰のものなのかをよく聞くようになった。

そしてさらにその4日後には、「とーしゃん、ここあいてうおー(空いてるよ)」と、自分の隣の席に座るように言ってきたり、

「かーしゃん、ここあいてうおー」と布団の隣を指さすようになった。

みかんの学び

　ゆで卵を机にコツコツたたくと、殻を剥くことが出来ることを知った。その翌日、娘はみかんを机にたたきつけていた。残念。みかんの皮はそれじゃあ剥けない。

　そして、みかんを食べた後、冬瓜を指さして「むいて」と言ってきた。これも残念。冬瓜の皮は、手では剥けないんだよ。

ごっこ遊びをよくするようになね

　娘はこの頃、断面がマジックテープでくっついた野菜のおもちゃにはまっている。

　おもちゃの包丁でトマトを切る。一回では切れないので、包丁を何度もどん、どんと落とす。何度目かのチャレンジでマジックテープはようやく剥がれる。そしてトマトの片方がコロコロ転がり、机から落ちていく。娘は「おちたった（落ちちゃった）」と言って、そのトマトを拾う。そしてなぜかまたトマトをくっつけてもう一度切る。トマトはまた落ちる。「あっ、おちたった！」と同じことを繰り返す。その顔は真剣そのもの。

　トマトとナス、お魚を切ったら、「でぃきた（出来た）」と言ってこちらに顔を上げてくる。そして、「しゃや！」と一言。OK、お皿ね！と、僕はおもちゃの皿を手渡す。

　それを受け取った娘は、お皿やコップに野菜をひとつひとつ乗せていく。ゆっくりゆっくりその作業を済ませると、「でぃ、きたよー！（出来たよ！）」と身体を震わせながら喜ぶ。

　そして、そのうちのいくつかを僕に渡してくれて、「はい、じょーよ。ごはんよー」と言う。そして、せーので、「いただ

きやーしゅ」。食べる真似をして「んっ！」と頷く。

　続いて、「はし！ はし！ はし！ ししし！」とやや興奮しながら、おはしを探し、今度はそれを使って、ごはんを食べる。そしてまた、「ん。おしいー！（おいしい）」。

　随分と手と腕が使えるようになった。娘と一緒に遊ぶことが出来るようになった。

逆向きに寝てしまう

千尋さんが、「あー疲れた！」と言って横になる。そして娘に、「ここ空いてるよ」と隣を指さす。

娘はそれを受けて「あいてう！」と言って、千尋さんの方に急ぎ足で行く。そして千尋さんの隣に行って寝転ぶのだが、なぜか千尋さんとは反対向きに寝転んでしまう。千尋さんの足の方に、自分の頭が行ってしまうのだ。

娘は最近、かなり自力で動けるようになってきたのだが、こうして意外なことが出来なかったりする。娘自身も、なんでこうなるのか分かっていない様子だ。

ピンポン玉を娘に向かって投げてみたところ、大喜び。自分もやりたいと要求するので、やらせてみる。娘は手を肩の上に持ち上げ、そこからピンポン玉を投げる。するとなんと！ピンポン玉は後ろに飛んでいった。

何をどうしたら、前方に投げようとした球が後ろに飛んでいくのだ……と、つい僕は思ってしまうけど、大人が出来る何気ない行動のすべてを、娘はゼロから学んでいる。どうやって教えてあげればいいのか分からないので、せめて応援しよう。

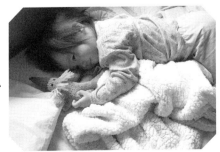

折り紙を始める

これまでなかなか興味を持たなかった折り紙を、突然折り出した。

出来たものを「カーカー」と言って持ち上げる。どうやらカラスが（偶然に）出来たらしい。

丸を描く

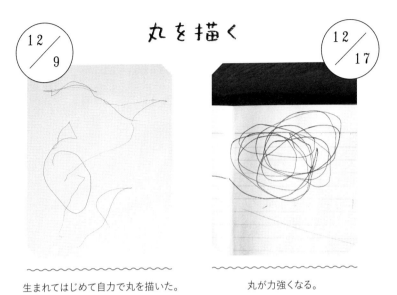

12 / 9

生まれてはじめて自力で丸を描いた。

12 / 17

丸が力強くなる。

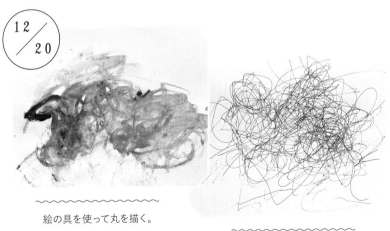

12 / 20

絵の具を使って丸を描く。

ボールペンを使って
丸を描く。

　ひとたび丸を描けるように
なってからの上達がすごい。

会話が上手になってくる

　保育園からの帰り道、娘が「あっおっ」と空を指さした。なーに？と聞くと「てき」と言う。僕も見上げると、そこには月が出ていた。

　その後、地面にソヨゴの実が落ちているのを見つけて「ひろうー」と言う。いくつか拾った後で、「とうさん、ひろうー？」と聞いてくれる。一緒に9個拾った。

　さらに、「あかいー」と言って夕焼けを指さす。そして「いくー」と言った。よし、行くか！　夕焼けの向こうまで！

　娘と会話が出来ることはとても楽しい。

目に見えないものへの理解を示す

公園で遊んでいる時に、遠くから「がしゃーん」と音がした。すると娘が、「なんのおと?」と聞いてきた。「音」がしたら、その音が鳴った原因があるということが分かるようになっていたらしい。

また別の日、千尋さんが「娘ちゃんって風邪ひかないねー」と言う。僕が「そうだねぇ。そういえばあまり風邪ひかないねぇ」と応じる。すると、それを聞いていた娘が、風に揺れているカクレミノの葉っぱを指さして、「かぜ、ふいてるよ!」と言う。

「風邪」と「風」を勘違いしてはいたものの、風という現象を理解していることに夫婦で驚いた。

エッセイ
概念の習得

「おっしょ、おっしょ」。

　1歳8か月の娘が急にそう言ってきた。見ると、自分の靴下と、僕の靴下を交互に指さしている。「靴下のこと?」と尋ねると、娘はまた「おっしょ、おっしょ」と言う。

　ははーん。なるほど。これはおそらく、「一緒」だな!とピンと来た。そして、一瞬遅れて、えぇ〜!!とのけぞるほど驚いた。なぜかって、おそらくこれが、娘が生まれてはじめて言葉にした「概念」の表現だったからだ。

　これまでの娘の世界では、自分が履く靴下と、親が履く靴下は絶対に違うものだったはずだ。娘の小さくて白い靴下と、僕の長くて緑色の靴下が一緒なわけがない。でもこの日、娘は言ったのだ。わたしの靴下と、父の靴下が「おっしょ」だと。なんということ。これってすごい認知革命だ! だって、人が社会性を保てるのは、紛れもなくこの「概念」の理解によるものだから。

　たとえば、色の違うペンは、たとえそれらが同じ形をしていても、いまの娘にとっては、赤いペンと黄色のペンで違うものとして捉えられているはずだ。でも、これらを「ペン」という概念で括ることが出来るようになればどうだろう。あれもペン。これもペン。「おっしょ」だ! となれば、「おっしょ」を集めて同じ箱に入れれば、ほら。整理整頓が出来るではないか……。

世の事物には必ずどこかに違いがあり、厳密には同じものなどどこにも存在しない。これは、僕が日々植物を見ながら思っていることだ。なので、乳幼児の「感覚が絶対の世界（一緒がない世界）」の方が本当は正しいのかもしれないとは思う。けれど、それだと社会は成り立たない。だから人は、一緒という概念がある世界に入っていく。娘はいま、そこに立ったようだ。うぅむ。もしかしてここってヒトなるものへの入り口なのでは？　そう思うと、僕はいま、なんて興味深い瞬間に出くわすことが出来たのだろう！と、興奮してしまった。

　概念といっても、様々なものがある。物に対しての概念は、娘はゆっくりとではあるが着実に掴みつつある。難しいのは、「時間」のような、形がなく触れもしないものだ。

　たとえば、娘の中にはしばらく、朝も昼も夜も存在していなかったようだ。僕がそのことに気付いたのは、娘が2歳4か月の時のこと。夕食を食べ終え、家族団らんで過ごしていると、娘が網戸ごしに外を見ていた。「何してるの？」と聞くと、「よるみてんのー」と答えがあった。そして、その翌朝、また外を見て、「あかるくなった！　あさ！」と言った。たぶんこれが、娘がはじめて言葉にした「夜」と「朝」だ。

　この日を境に、娘にはある変化があった。「夜になったら寝る」ということにさほど抵抗を示さなくなってきたのだ。これはたぶん、夜と朝を認識することに伴い、「1日」という単位が繰り返しやって来ることを娘が理解したからではないだろうか。

つまりこういうことだ。

　1日が繰り返しやって来ることを認識していない時は、

・夜寝たくない（←明日がまた来るか分からないから）
・朝起きたい（←気付けば1日が始まってて焦ってる）

という風だったのが、このあたりから、

・夜は寝る（←明日はまた来るから大丈夫）
・朝起きたくない（←寝ても1日はなくならないから）

というように変化したように見えたのだ。

　前後の時間が繋がっていない時の娘の世界観は、一度眠ると世界が
終わり、起きるとまた新しい世界が始まっている。そんな風だったのかも
しれない。でもこの日、娘の中で、「昨日の自分」と「今日の自分」が繋が
った。これも革命的な出来事だったと思う。この日、娘は生まれ変わっ
たのだ。そう言っても過言ではないと、僕は思う。

　ただし、娘はまだ大人と同じように時間を理解しているわけではない。
それを知ったのは、この時から5か月後、娘が2歳9か月になった時のこ
とだ。

　ある日、つま先立ちでちょこちょこ歩きながら近付いてきた娘が、「お

おきくなったらおねえさんになるの!」と言ってきた。僕はそれを聞き、そうか、大きくなったらお姉さんになるのか、と思った。そりゃそうだな、としか言いようがない。なんて答えりゃいいんだ。と悩んでいると、娘は続けてこう言った。

「そしたらおとうさんはちいさくなって、（娘がお父さんに）ごはんたべさせてあげるの」と。これには思わず唸った。娘はこれから、自分が大きくなることを知っているようだが、自分が大きくなったら親は小さくなると思っているらしいのだ。

　子どもは、世界をまず「対比」で捉えていくと聞いたことがある。朝が来たら夜が来る。子どもが育てば大人になる。となれば、子どもが大人になったら、大人は子どもにならないと、娘の世界では辻褄が合わないのだ。なんだか面白い世界を娘は生きている。年を取ったら大人が子どもになる世界。それっていいなと思う。

　娘がいま、何を分かっていて、何を知らないのか、そして、これからどのようにそれらを学んでいくのか。そのことを知るのは、僕にとってこの上ない楽しみだ。なぜならそれは、きっと僕自身も幼少期に経験したはずの学びだから。娘は、すでに親とは異なる、ひとりの人格だ。でも、僕にとって娘は、幼き頃の自分でもある。この貴重な時間を大切に過ごすんだよ、と娘に対してそっと心で思う時、その気持ちは僕自身にも向いているのかもしれない。

音楽を楽しみ、ダンスを踊る

父のギターに
合わせて
踊るようにも
なった。

～～～～～～～～～～～～～～～

　子ども向けのコンサートに行った。様々な創作楽器での演奏と、ダンス、パフォーマンスが織り交ざった内容で、娘は1時間ずっと集中して見ていた。

　もしかしたら気に入ったのかもしれないと思い、CDを購入して帰る。家で再生してみると、娘は「しってう（知ってる）」と言い、両手をひらひらさせながら踊った。楽しそうにしている。

　どうやら音楽の楽しみが分かったようだ。

自分で長靴を履き、外に出て行こうとする

　ふと見ると、娘が自分ひとりで長靴を履こうとしていた。おっ、と思って見守っていると、片足につき25秒かけて履いていた。そして娘はそのままドアに向かい、ドアノブを動かしている。鍵がかかっていてドアは開かなかったが、自力で外に行こうとしたことに驚いた。

　洋服も、はじめに首を通してあげれば、自分で袖に腕を通すことが出来るようになった。ズボンにも足を入れられるようになったが、お尻がひっかかって、最後まで上げることは出来ない。そのままダダダッと走りながらズボンを上げようとするが、やっぱり上がらない。

いまそこにあるものに
集中する

家族でハイキングに行く。散策路の向こうにある
大型のアスレチックに行くことが目的だった。

しかし、娘が
まったくついて来ない。

見ると、落ちていた枝の皮を
真剣に剥いていた。
結局アスレチックには
たどり着かなかった。

別の日、家族で動物園に行った。キリンを見るのが目的だ。

しかし娘は、入り口にあった
看板のおもりに座るのが楽しくて、
そこから頑として進まない。結局、
キリンに会うまでに2時間もかかった。

この日の夜、就寝のため部屋の電気を消すと、娘が自分の
手の平を見て「あっ、まっくろになっちゃった!」と言った。そし
て、「てって、あらわなきゃ!」と言い、起き上がろうとする。
なるほど。いまの娘には、「いま」しかないようだ。

「明日」がはじめてでてくる

　保育園からの帰り道、月を見て「ちいさーい」と言う。そして、「またね
ー」、「おうちかえるからねー」と続き、最後に「あしただよー」と言った。
「またあしたね」という意味だったと思われる。これが、娘がはじめて言
った「あした」だ。

　夜ごはんを食べている時に、「あした、じーじとばーばのお家に行く
よ」と伝えると、娘が「わたしもいくー！」と言う。僕は、あっ、しまった
……と思う。娘は「あした」という感覚を理解しない。いつもなら、「いま」
行くものだと理解して玄関に向かってしまうシチュエーションだったのだ。

　しかし、娘はこの日、そのまま夕ごはんを食べ続けた。「あした」行く
んだ、とちゃんと理解しているようだった。

ユーモアに
挑戦するようになる

〜〜〜〜〜〜〜〜〜〜〜〜〜〜〜〜〜〜〜

　変な顔で写った自分の写真を見て、「へんなかおー」と笑う。面白さは普通から外れたところに生じるので、どうやら娘は、自分の普通の顔がどういうものか、すでに分かっているようだ。

　テレビアニメを見ながら、娘が「おもしろい？」と僕に聞いてきた。「面白いねぇ」と答えると、それを聞いて娘が「きゃー！ おもしろい〜！」と言った。僕の反応を見て、何が面白いことなのかを探っているのかもしれない。

　同じ頃、わざとお尻から転んで「どて、いたーい、おしりわれちゃったー」と言うようになった。さらに後日、これに「（おしりに）しーる、はらなきゃー」が付け加えられる。娘はいま、ユーモアに挑戦中だ。

はじめての文字

〜〜〜〜〜〜〜〜〜〜〜〜〜〜〜〜〜〜〜〜

「おかーさん!」、「おとーさん!」、
「じーじ!」、「ばーば!」と言いながら
マジックペンで線をひいた。娘、はじ
めて文字を書く。

間違えながら
言葉を覚えていく

お風呂で娘の靴を洗っていると、「なにしてるのー?」と聞かれる。「靴洗ってんの」と答えると、「あはははーって?」と娘が言う。靴笑ってんの、と聞き間違えたようだ。

別の日の朝、100円ショップに行きたいと言い出した娘に、「10時になったらお店があくよ」と千尋さんが言う。すると娘は「パカッて?」と聞き返していた。

鼻水が出ていたので、ティッシュを鼻にあてて「ふーんってして」と伝える。すると娘は、「ふーん」とそのまま口で言った。

このあたりから娘は、いつも絶えず何かをしゃべっているようになった。

暗号文を
解読する日々

・梅干しのことを、「あでぼし」と言う。うめぼしだよ、と訂正すると、「うでぼし」と言う。

・モンシロチョウをオモシロチョウと言う。おそらく、僕がよく「おっ、モンシロチョウ！」と言うので、オッモンシロチョウ→オモシロチョウになったのだと思われる。

・「フルーツみたいに靴履いたんだよー」と言う。「みたいに」を「みたいな」に変換したら意味が分かった。

・「ごはんたべしてー」と言う。「べ」と「し」の間に「さ」を入れたら意味が分かった。

・お風呂上がりに、千尋さんと娘がクリームの塗りっこをしていた。千尋さんのあごにクリームが付いたのを見て、娘が「おかあさんに、あごがついちゃった」と言った。

・スプーンのことを「ハプーン」と言う。「スプーン？」と聞きなおすと「ヒプーン」と返ってきた。親のリスニング力が試されている。

なんで星人になる

何を話しても「なんでー?」と聞いてくるようになった。そのすべてに真面目に回答していると、話がまるで先に進まない。絵本を読む時が特にすごいので、千尋さんが娘に絵本を読んでいる時にこっそり「なんでー?」の数を数えてみた。

読んでいた絵本は、『14ひきのひっこし』(童心社、いわむらかずお)。普通に読めばそんなに時間がかかる内容ではない。しかし、この時に娘が発した「なんでー?」の数はなんと62回! 本文が30ページある絵本だったので、単純計算で1見開きにつき4回も「なんでー?」と言ったことになる。しかもこの絵本は、1見開きにつき３０〜５０文字くらいしか文章がない。その中でよくもこんなに「なんでー?」と言えたものだ。

この1冊を読みきるのにかかった時間は２０分。そこには満足そうな娘と、クタクタに疲れ果てた千尋さんがいた。

エッセイ
創作活動

　2歳児の時、娘が保育園に行けなくなった時があった。その時、熱心に取り組んでいたのがアイロンビーズだ。朝起きたらアイロンビーズ。保育園から帰ってもアイロンビーズ。寝る前にもアイロンビーズ。とにかく作って作って作りまくっていた。

　さらに、娘の保育園のバッグを開けると、そこからもアイロンビーズ作品が出てくる。先生に聞くと、保育園でもひたすらアイロンビーズに取り組んでいるらしい。そんなわけで、この時の我が家には、いつもアイロンビーズ作品があちこちに散らばっていた。

　当時は分からなかったのだけど、アイロンビーズの製作は、この時の娘を支えていたのかもしれないね、と夫婦でよく話している（その顛末はp.116）。早生まれの娘は、きっと保育園でうまくいかないことが多くあったのだと思う。2〜5歳児が一緒に過ごす縦割りの園だったので、娘はそのグループの中で圧倒的に小さかった。言葉だって手先の器用さだって体力だって、ほかのみんなに追い付くわけがない。さぞかし不安だっただろうなぁと思う。

　そんな中で、アイロンビーズに取り組む娘の姿はいつも真剣そのもの。何かこう、鬼気迫る雰囲気が漂っていた。もう誰にも止められない状態だったので、僕はいつも娘の手先を見ていた。アイロンビーズって、けっこういい創作活動だなと思ったのだ。

　自分の手を使い、小さなものをつまんで、置く。いまの娘にとって、ち

ょうどいい難しさだ。アイロンビーズには型があるので、星型を作りたければ星が作れるし、丸が良ければ丸を作ることが出来る。そして、配置する色も自由に選べるので、時間さえかければ、自分の好きな作品が完成する。

　うまくいかない日々の中で、「やれば出来る」創作活動に出会えたことが、娘の心を支えたことは想像に難くない。娘はきっと、アイロンビーズをひとつ作る度に「出来た」と自信を持ったことだろう。出来た、出来た、と小さな自信を積み重ねていく。自分にも出来る。そんな娘の中の自己肯定感が形成されていく過程を、あの時の僕は見ていたのかもしれない。

　3歳になり、引っ越しに伴い転園をした。すると娘は、ぱったりとアイロンビーズをやらなくなった。このことも、アイロンビーズが娘の心を支えていたことの証のように思えた。きっといまの娘にはアイロンビーズは必要なくなったのだ。娘の大変な時期を支えてくれて、本当にありがとう。アイロンビーズ……。

　創作活動には、娘の内面を育てる大事な役割があるのかもしれない。そう僕たちが思うようになったきっかけは、「ハサミ」だ。1歳10か月の時に、娘の小さな手でも使えるサイズのハサミを千尋さんが買ってきた。実演して見せると、娘はすぐに自分でも使いたがった。まず、両手を使ってハサミを開き、それを勢いよく閉じる。バシンッ！

　な、なんて危ないんだ……と内心ビビりながら、これも娘の成長のためだ。僕の指の一本や二本はくれてやろう！という意気込みで、僕は娘

が開いたハサミの刃のあいだに折り紙をすっと差し込む。そして、娘は
またぶるぶる震える両手で、ハサミを勢いよく閉じる。切れた！！（怖
い！！）はじめてのハサミを見て、僕は思わず涙ぐむ。どうしてこれだけの
ことが、こんなにも心を打つのだろう。娘が生まれてから僕の涙腺は完
全に故障している。

　そんな僕の気持ちはさておいて、娘はこの時からハサミの達人を目指
して一心不乱。折り紙があれば、切る。切って切って切りまくる。生まれ
てはじめてハサミを持った2日後には、片方の手でハサミを開き、片方
の手で折り紙を持てるようになり、20日後には四角形を切った。千尋
さんが何か絵を描けばそれを切るし、郵便受けにチラシが入っていれ
ば、それを切った。ある日、近所のスーパーのチラシに載っていた店員
さん達が切り抜かれていることに気付き、僕は爆笑。なんかこの人たち、
知ってるね、とお店屋さんごっこを始めることにした。ハサミが使えると、
遊びの種類も増える。

　このハサミブームは非常に長く続き、2歳も終わる頃には、これは本
当に2歳児が切り抜いたんでしょうか、と思うほどに上手になっていた。
もしこの国にハサミ選手権があれば、娘は2歳児部門で優勝出来たか
もしれないと思うほどだった。

　このまま切り絵職人の道へ……と、僕が余計なことを考え出した頃、
娘はこれも3歳の引っ越しを機にパタッとやらなくなった。といっても、
まったく使わなくなったわけではない。お菓子の袋を切る時や、テープ
を切る時にだけ使うようになったのだ。もうハサミは娘のおもちゃではな
い。生活に必要なものに変わったのだ。遊びと暮らしは、娘の中で繋が

っているのだということも、この時に分かった。

　そんなことで、創作活動は、子どもの心を支えることもあるし、自己肯定感を高めることもあるし、生活技術の習得にも繋がるし、これは侮れん、と思うようになった。

　興味深いのは、これらに取り組んでいる時の娘の没頭具合だ。もうそれはとにかくすさまじい。「いま、わたしは、これに、取り組まないといけないのだ」という、強い衝動を感じる。

　3歳半になった娘は、すでにかなりの創作技術を身に付けている。塗る、切る、貼る、糸を通す、折り紙を折る。このどの習得の過程にも、大変な集中力を発揮してきた。これらの言わば、技術の習得期とでも言える時期の娘の創作活動には、だいたいにおいて目標のようなものがなさそうだった。ただとにかくいま、糸にビーズを通したい。それだけがすべてで、その技術を使ってこれを作りたいのだ、という具体的なゴールは見えなかった。

　でも3歳半になったいまは、ビーズでネックレスを作ったり、虫のプラバンを作ったり、ハートを描いて塗ったりというように、その創作の目的地をイメージし、その完成に向かって手を動かすようになった。

　これまでの創作活動が娘にとって意味を持っていたように、これからの創作活動にはまた違う役割があるのだろうと思う。それが何なのか、いまはまだ分からない。だから僕は、今日も娘の創作活動を興味深く観察している。振り返った時に、この意味に気付くことが出来るように。

完成しない娘のアート

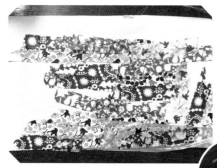

マスキングテープを
横向きに何枚も貼り、
「できたー！おそらー」と言う。

しかし、すぐにそれを
切ってしまう。

切り取って出来た形を見て、
「アイスクリーム」と言う。

紙がお空になり、アイスクリームへと至る2歳児のアートパフォーマンス。娘の行動には、いつもゴールがなくていいなと思う。

自然物で遊ぶようになる

ウメを収穫した日、その実を使って様々な遊びをしていた。

ウメ積み木

ウメおむすび

ウメ列車

ウメノート
（ウメにマジックペンで
名前を書く）

はじめて「顔」を描く

　偶然描けたわけではなく、しっかり目的
意識を持って輪郭を描き、髪の毛を描き、
目を2つまーると描いた。
　まるを描く時は、自分の顔も「まーる」と
一緒に動いている。

脚立に登る

クワの実を気に入った様子なので、試しに脚立を用意してみた。娘に、自分で採ってみなと促してみる。

まだ難しいかな？と思いつつ見守っていると、娘は躊躇なく脚立に近付いていく。そして、両腕で脚立をにぎり、片足を一段目にかけ、よいしょっと登る。登れた！と驚いていると、3段くらい登ったところで娘が不安そうな顔をする。

どうした？大丈夫？と聞くと、「うんち」と言う。脚立を登る姿勢で、踏ん張ってしまったらしい。それほど力を使っていたということか。

おトイレタイムをすませてもう一度チャレンジ。「ちょっとまってねー」、「ここでうんちしたもんねー」と笑いながら登り始める。

「クワのみ、どうじょしようね、ね！」、「ちょっとまっててっ」、「くろいのできてるよ、みてごらん、くろいのくろいの」と言ってクワの実を採ってくれた。

なんだかすごく、かっこよかった。

はじめての工作

紙を切り、ペンで何かを描き、のりで貼った。
何が出来たのかは分からないけど、娘が生ま
れてはじめて自力で工作をした。

はじめての
「急ぐ」

娘の保育園は、家から自転車で10分ほどの距離にある。登園時刻に間に合うためには、家を何時に出ればいいのかと親は考えるが、娘はそんなことにはお構いなし。家を出る時間になってから急に歩いて行くと言い出し、ゆっくり1時間かけて登園するなど、この上ないマイペースさで行動している。

そんな娘は、たまに路線バスで登園したいという日がある。乗せてあげようと思うのだが、娘の準備が終わらず、バスに間に合わない時がよくあった。その度に、バスに乗りたいなら、バスの時間に間に合うように家を出ないといけないんだよ。と伝えていたのだが、これがなかなか伝わらずにいた。

しかし今日、またバスに乗りたいと言う娘に、それなら早く準備しないとバス行っちゃうよ?といつものように伝えると、そりゃ大変だっ!という雰囲気になり、過去最高速度で朝の準備が進んだ。やっと分かったか……。急がないと間に合わないことがあるということを。

物語を描く

1

黒い絵の具を塗り、
「みてー。よるになったよー。
ねてー」

2

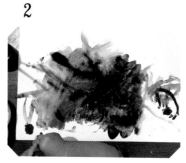

赤い絵の具で点を描き、
「あっ、あさになった！」

3

「あさはあかいんだよー」と
言いながら、
赤の点を並べていく。

4

「よる、あさになった！
おきてー！」
と言い、完成。

文字が
進化する

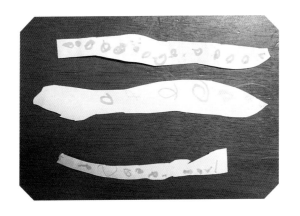

紙を切り、蛍光ペンで何か書いている。

聞き取り調査を行うと、上から順に、

・ごはん、食べようね。

・遊ぼうね。

・カメ見たね。

と書いてあるそうだ。

具体的な絵を
よく描くようになる

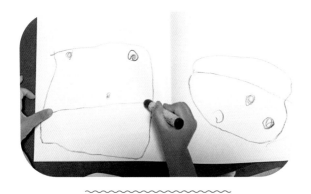

顔の絵をよく描くようになった。

お花の絵も、
よく描いている。

ボタンチャレンジが始まる

なんだか静かにしてるな、と思ったら、お気に入りの毛布についているボタンを一生懸命とめようとしていた。ものすごい時間をかけているので、その様子を観察してみる。すると、ボタンをとめるということはとても複雑な行為であることが分かった。

・右手で、ボタンをつまむ。

・左手で、穴を持つ。

・右手でボタンを持ったまま、左手で持っている穴をひろげる（ここ難しい）。

・開いた穴に、ボタンを入れる。

・穴から落ちないように、ボタンを半分ひっかけたままにする（これが一番難しい）。

・反対側に右手を回し、半分出ているボタンをつまむ（これも難しい）。

・穴が動かないように左手で抑えつつ、右手でボタンを引っ張る。

なんとこれだけのことを、今日、娘は成功させたのだ。すごすぎる。

これを皮切りに、娘のボタンチャレンジが始まる。パジャマのボタンも自分でとめたがるのだが、これはまだ角度的に難しいようだ。

色の選別をよくするようになる

折り紙をすべてバーッと出し、
黄色とオレンジとピンクだけ
左側に集めていく。

ブロックを、
寒色と暖色で
分ける。

アイロンビーズの中から、
パステルカラーだけを
選別。

どっちが多い?

　リンゴジュースを飲みたいと言うので、
僕の分と娘の分を用意する。
　僕は、大きさの違うコップに、同じくらい
の量のジュースを入れたつもりだった。しか
し娘は「こっちのほうがおおい!」と右のコ
ップを指さした。娘の世界認識には、なる
ほどと思わせられることが多い。

ひとりでチューリップを作る

　四角い紙を三角形に折るのは以前から出来ていたが、その三角形の頂点をずらすように折ることはなかなか出来なかった。

　しかしある日、これが突然出来るようになり、ひとりでチューリップを折れるようになった。紙をくるくる巻くことも、テープを切って、それらを貼り付けることも、自力で出来るようになった。

　これ以降、娘には「くるくる棒」ブームが訪れ、これからの2か月間で大量に作った。

遊びでしていた色の選別が、役に立つ

　食用ほおずきを気に入ったようで、収穫したものを置いておけばひとりで勝手に食べるようになった。

①袋状の皮を剥き（手を使う仕事）

②中の実の色を確認して（目を使う仕事）

③オレンジだったら食べる。緑色だったら食べない（分別と判断！）

　いつの間にかこれだけのことを出来るようになった娘に感動しつつ、重要なことに気が付いた。

　娘は最近、暖色と寒色の選別作業にはまっていたのだが、これはもしかしたら暖色は食べられることが多くて、寒色は食べられないことが多いということをすでに経験で知っていたからなのかもしれない。だから最近は赤色やオレンジ色を好んでいたのだろうか。

　あるいは、人の野性として、暖色に敏感になるプログラムが発達段階に組み込まれている可能性もある。

　……考えすぎかな。

まだ緑色の
未熟なものと、虫食いで
食べられないものを、
別の場所に
寄り分けていた。

まず、自分で
皮を剥く。

剥いた皮は
プラスチック容器に入れる。

樹木を
緑と茶色で塗る

　どんな色でもいいので、とにかくそこに色を塗る。というのがいままでの娘の塗り絵の楽しみ方だった。しかし今日、娘は塗り絵に出てきた樹木の葉っぱの部分を緑色に、幹の部分は茶色に塗り分けた。これはもしかしたら娘の中に樹木というもののパターンが身に付いたことを意味しているのかもしれない。

エッセイ
何を手伝うか問題

　2歳半くらいからだろうか。娘がよく、「ハートつくって」と折り紙を指さしてくるようになった。ある日、千尋さんが娘にハートを作ってあげたことがきっかけだった。

　娘が求めてくるのだから、僕もハートを折ってやろうと思う。でも、僕は、娘自身がいつか自分でもハートを折れるようになった方がいいだろうと考えたので、千尋さんが折ったハートよりも簡単な方法で折ってあげた。こうやるんだよ。と教えたつもりだった。

　しかし娘は、僕が折った簡単なハートには興味を示さない。千尋さんが折る複雑なハートの方が好きなようだ。娘なりのこだわりが見える興味深い反応だと思う反面、僕はこの時、ちょっと迷ってしまった。

　この複雑な折り方のハートを、娘が自ら折れるようになるまでにはまだまだ時間がかかるだろう。となると、娘が欲しがるハートを、僕たちはずっと折り続けないといけない。そんな対応で、娘の自主性は養われるのだろうか。そんなことが心配になったのだ。

　なので、僕は折に触れて、簡単な方法のハートを作って見せていたのだが、娘がそれを好むことはついぞなかった。欲しいのは、一貫して複雑な折り方のハートなのだ。

　そんなわけで、僕は悩みを抱えたまま、その後の半年間、複雑なハートを折り続けることになった。娘のハートブームは長く続き、おそらく夫婦で合計して１００個はゆうに超えるほど折ったと思う。でも娘は、いつ

まで経っても自らハートを折ろうとしない。当然だ。娘がいま折れるのは、せいぜい四角か三角くらいなのだから。

　しかし、3歳になったある日、驚きの出来事が起きた。千尋さんが興奮した面持ちで、僕にハートを見せてきたのだ。なんだろう。また折ってあげたのかな？　それにしてはなんというかこう、いつもより雑だな…。我慢強い千尋さんも、さすがに折り疲れてしまったのだろうか。そう思ったのだが、なんとこれは千尋さんではなく、娘が自分で折ったものだという。

　僕は目と耳を疑った。

　それまで、自らは手を動かさず、ずっと見ているだけだった娘が、あの複雑なハートを自分ひとりで折ったなんて。そんなこと……、そんなこと信じられない！

　でも、それが本当であることは、娘がすぐに僕にも証明してくれた。折り紙に向かって集中している様子の娘を後ろからそっと観察していると、わりと迷いのない手つきでハートを折ったのだ。どうやら、本当に折れるようになったらしい。

　この出来事は、僕にとても大切な気付きを与えてくれた。娘が親に「これやって」とせがんでくる時、どうやらその大半は甘えて言っているのではなく、「自分には出来ないからやって」という意味だったようなのだ。

　思い当たる節がたくさんある。

　僕は娘が描く絵が好きで、今日は何を描くかなといつも楽しみにしている。でも、これも2歳半くらいからだろうか。娘は自分で手を動かすよ

りも、「丸描いて」とか、「ハート描いて」と親に指示を出すようになった。このことも、僕を悩ませた。僕は、娘が自分の力で描く絵を見たい。自分で丸やハートを描くチャレンジをしないと、娘の技術は向上しない。ここで安易に手助けしていいのだろうか。と。

　そこで、試しに娘の願いには応じず、自分で描くように促してみるのだが、そうするとすぐに、「できない〜」と筆を放り投げてしまう。これはこれでよくない。絵を描くことが嫌いになってしまったら元も子もないのだ。僕はいま、どう行動すべきなのだろうか。それをずっと思案していた。

　でもこの悩みも、娘が3歳になった頃に自然と解決した。ある日突然、娘自身が自分で丸やハートを描けるようになったのだ。そして、それ以降は親にハートを描いてなどとは言わなくなった。やっぱりあれは、甘えではなかったのだ。娘は自分に出来ることと出来ないことをちゃんと分かっていて、出来ることは自分でやるし、出来ないことは親にやってもらおうとしていただけだったようだ。この時、僕は娘の成長がどうこうと、余計なことを考えてしまったが、これはどうやら見当違いだったみたいだ。

　僕は、娘が描く絵の中に、ちょっとでも自分が描いた丸やハートが入っていると、その時点でこれは娘の絵ではない、とつい思ってしまっていたのだけど、娘にとってはそれだって正真正銘、娘が描いた絵だったのだ。具現化するのは親でも、そのイメージは娘の中にある。そうであれば、たとえ親が描いていようとも、出来上がった絵は娘の作品として捉えていいのだろう。娘の描いた絵を僕は集めているのだけど、親が手伝った絵は残してこなかった。これを僕はいま悔いている。

　娘から飛んでくるお願いごとに対して、それが本当に必要なお願いな

のか、甘えなのか、それを判断することは本当に難しい。

　トイレはもうひとりで行けるはずなのに、3歳半を過ぎても親に付き添ってもらいたがる。これにはどう付き合うべきだろうか。ただ寂しいだけなら、もうそろそろひとりで行けるようになってほしいけど、もしかしたら家のトイレが娘にとって使いにくいだけなのかもしれない。であれば、娘が使いやすいように環境を整えてあげた方がいいのだろう。あるいは、もしかして、トイレが単純に怖いだけなのかも知れない。それならもう少し付き合ってあげようかな。などなど、トイレひとつとっても、悩みはつきない。

　何を手伝って、何を手伝わないのか。3歳を過ぎた頃から、この難問が急増した。最終的には、娘の中の成長しようとする力を信じればいい。そういうことになるのだろうとは思うけど……。うーん。それがなかなか難しいのだよなぁ。

文法を
理解し始める

〜〜〜〜〜〜〜〜〜〜〜〜〜〜〜〜〜〜〜〜〜〜〜

　「『たべしてー（食べさせて、の意味）』と、『はかせてー（履かせて、の意味）』はおんなじー?」と娘が聞いてきた。おそらく、文法の使役形に気付いたのだと思われる。

　また、保育園から帰ってきた時に、「（手をお父さんと）いっしょにあらうならあらえるけど、いっしょにあらわないならあらえない」とも言ってきた。仮定法だ。

目的を意識した行動をする

今日は動物園に行こう！と誘うと、娘はバッグにお
もちゃを自分で詰めて、家を飛び出した。

動物園では、ペンギンを見て、「どうしてこっちき
たのかなぁ」と言ったり、キリンを見て、「ベロこうや
ってうごかしてるよ」と自分のベロを使って真似した
りして、動物園というものを普通に楽しんでいた。

ヤギの餌やりする？と聞くと、「やる！」と言ってそ
のまま難なくこなす。いつの間にか目的がある行動
をするようになっていて驚いた。

勝ちって、なに?

最近じゃんけんに興味があるようで、「じゃんっ、けんっ、ぽん!」と言って、必ずチョキを出すようになった。僕はその度に、大人の情けでパーを出し、「あー負けたー。娘の勝ちー」と言っていた。

するとある日、娘が、「かちーってなに?」と聞いてきた。説明しようとするが、「勝ちっていうのは、誰かに勝ったーってことだよ」としか言いようがないことに気付く。娘はたまに、思わぬ難題をぶつけてくる。確かに、勝ちって、何なんだろう。

風景と物語を描くようになる

ピンセットちゃんという謎の登場人物が、
風船を持って緑の線を歩いたり、黄色の線を歩いている。
空には太陽が出て、風が吹いているらしい。

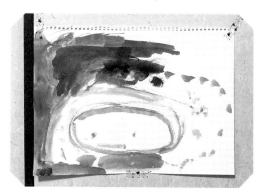

『とつぜん女の子が叫びました。空が真っ暗だわ。
雨のお電話ださなきゃ。ぷるるるる』
そう言いながら、この絵を描き上げた。

娘にとっての「昨日」

お昼寝の前に、オリンピック競技のスノーボードをテレビで見ていた娘。目覚めて起きてくると、今度はスキージャンプがやっていた。それを見て、「きのうオリンピックやってたのに、きょうもやってた！」と言った。

どうやら娘にとっては、それが昼だろうが夜だろうが、寝て起きれば、1日経ったということになっているのだということが判明した。

ということは、娘が言う「昨日」は、大人が思う昨日ではなくて、「その日の午前」を指している時があるのかもしれない。

ぱっぱいと牛乳の味

後で娘に再現してもらった
ぱっぱいと牛乳の表現。

　お風呂で、「ぱっぱい（母乳のこと）と牛乳って、どっちが美味しいの？」と娘に聞いてみた。すると「ぎゅうにゅう」と回答があった。「ぱっぱいと牛乳の味って似てる？」と聞くと、「ちがうー」と言う。「じゃあさ、ぱっぱいってどんな味？」と尋ねると、「んー」と言いながら、親指の先に他の指先を合わせて丸を作り、「こんな味」と片手をあげて見せてくれた。

　「じゃあさ、牛乳はどんな味？」と聞いたら、自分のお腹の前で、両手の指先を合わせて丸を作り、「こんな味」と言った。

　僕にはまったく分からなかった。

自然のもので
よく遊ぶようになる

・シラカシの落ち葉を見つけると、それを拾って
ちぎるようになった。

・ソメイヨシノの花を持って帰って来て、花を指
でつんつんつつく。指を口にもっていく真似をし
て、「あまーい！」と一言。

・お花を摘んで小さな花束を作るのにはまる。

・カニ釣りを始める。

自分で
イチゴサンドを作る

　娘がイチゴサンドを食べていたので、「何これ。こんな洒落たもの作ったの?」と千尋さんに聞くと、なんと娘が自分で作ったのだと言う。

　僕はそれを信じられなかったのだが、翌日、娘がまたその様子を見せてくれた。イチゴを洗って拭き、まな板の上に置き、包丁で切って、それをパンにはさむ。そして満足そうに食べていた。

　なんかもう、こんなの、人じゃん。と驚く。

思いもよらぬ
遊びを生む

　千尋さんに、蝶々のシールをもらって喜ぶ娘。どこに貼るのかな？と見ていると、娘はシールを裏返して糊面の方にちぎった色紙を貼り付けていった。こんな遊び方、よく思い付くなぁ。

エッセイ
引っ越し

　娘が3歳になるころ、東京から山梨に引っ越しをした。これまで、娘の秩序を崩さないように配慮して暮らしてきたので、この大きな環境変化が娘にどんな影響を与えるのか、当時の僕たちは心配に思っていた。

　事前の予告なしに引っ越し当日を迎えるよりも、前もって伝えておいた方がいいだろうと夫婦で考え、半年前から何度も引っ越し先に足を運んだ。その度に、「ここが、3歳になったら住む家だよー」と教えるのだが、娘はいつも分かったような分からないような反応をする。

　それもそのはずで、当時2歳半だった娘には、まだ「過去」や「未来」といった時間の感覚がなかった。「明日」さえ分からないのに、半年後の話をされてもちんぷんかんぷんだっただろう。

　心配しつつも時は経ち、いよいよ引っ越し当日。呑気そうにナッツを食べる娘に、僕は何気なくこう話しかけた。

　「ねぇそれ、ちょっと残しておいて、後で電車でも食べれば?」と。

　すると娘は、いま食べる分をお皿に出し、後で食べる分は袋に残し、「あとでたべるもんねー」と言った。

　……なんと。

　娘3歳0か月。生まれてはじめての「未来の準備」である。まさか引っ越し当日にこんな姿が見られるなんて。信じられない思いで僕はナッツの袋の写真を撮った。

　これまでなら、なんと話しかけようとも「いま」すべてを食べようとして

いた娘。たぶん、「いま」を逃したら、ナッツは消えてしまうのが、これまでの娘の世界だったのだろう。でも、もう娘は分かったのだ。袋に残しておけば、ナッツはなくならないことを！

　これで僕はすっかり安心。そうだ、娘はちゃんと成長している。この引っ越し、大丈夫かもしれない。その予感の通り、引っ越しは拍子抜けするほど問題なく進んだ。引っ越し当日、住み慣れた家を引き払う際に、思わず涙ぐむ千尋さんに対して、娘が「泣いてもいいんだよー」と頭をなでてあげていて、娘の方がよっぽど落ち着いているほどだった。

　山梨に来て、その新しい環境に娘はすぐに馴染んでいった。僕が興味深く感じたのは娘の遊びが大きく変わったことだ。なんというか、なんでもありになったのだ。川に行くと、そこらに色とりどりの小石が転がっている。それを拾い集めるだけで、それが遊びになった。オレンジや赤い石など、好みの色の石を集める。そして、それを川の水で濡らすと、石の色が変わる。石はすぐ乾く。そこにまた水をつける。色が変わる。これだけのことで、娘はしばらく集中して遊ぶ。

　それが済んだら、仕上げはやっぱり川に突入！　春の川は冷たい。でも娘は構わない。どんどん進む。背中には暖かい太陽があたる。目の端でおたまじゃくしが見える。鳥の声が聞こえる。気まぐれにふっと風が吹く。

　川にあるもので遊び、その感触を全身で味わっているだけで、3歳児の時間はあっという間に流れていく。野山にはなんでもあるので、いまはおもちゃもほとんど買わなくなった。

　そんなわけで、娘の田舎暮らしは順調に日々を重ねていったのだが、

ひとつ気になっていたことがあった。東京で暮らしている時によく楽しんでいたお絵描きを、パタっとやらなくなったのだ。さりげなく道具を出してアピールしても、娘は興味を示さない。どうしてだろう。気にはなるけれど、だからといって娘が精神的に不安定になっているわけでもなさそうなので、しばらく様子を見ていた。

　変化が起きたのは、引っ越しから４か月経ち、夏本番になった頃。娘は急にホワイトボードを手にし、そこにハートを描いた。生まれてはじめて自力で描いたハートを見て、娘は嬉しそうに笑った。

　これがきっかけになったようで、それ以降、娘はまたたくさんお絵描きをするようになった。「ジグザグ」、「丸」、「直線」、「塗りつぶし」の４つのスキルを使い、山や洋服、お花畑など、様々な絵を描いていく。熱心に取り組むその姿は、引っ越し前の娘の姿そのもので、それを見て僕たちは、やっと娘が戻ってきたように感じた。

　もしかしたら、娘は新しい環境のインプットで手いっぱいで、アウトプットの余裕がなかったのかもしれない。だとすれば、お絵描きの再開は、娘の引っ越しがやっと一段落したサインなのかもしれない。平気そうに見えたけど、この４か月、娘はやっぱりすごく頑張っていたようだ。

　娘はこれまでにいくつもの壁を乗り越えてきた。だけど、僕はいつも娘が壁を突破した後で、そこに壁があったことに気付いている。一緒に壁を押したり登ったり出来なくてごめんね、と思うけど、壁はやっぱり自分で乗り越えるものなのだろうなとも思う。なぜなら、子どもの中にはその力が備わっているのだから。そのことを、僕は娘から教わってきた。

　季節は進み、秋になった。娘は３歳半になり、身体もしっかりしてきた。

この半年の成長を確かめるために、家族で山登りにでかけた。標高差
200m弱。大人の足で1時間の山道を、娘は楽しみながら3時間かけて
登った。人生はじめての登頂だ。この登山を、僕たちはほとんど手伝わ
なかった。娘はどんどん成長していく。たくましく歩く娘の後ろ姿を見て、
娘が僕たちのそばから離れていってしまう日は、そう遠くはないのだろう
な、と思った。

水の探求は
続く

雨降りの日に、「あめっておみず？」と娘が聞いてきた。そうだよ、お水だよ、と答える。すると「おはながすきな？ おみずがあったらおはながさくよ。だからだいじょうぶだよ。おみずあげなくて」と言っていて、よく分かってるなぁと思う。

じゃあおしっこはお水？ と、今度は僕から聞いてみる。すると、「おしこっこはおみずじゃない」と返答がある。お茶はどう？ と聞くと、「おみずじゃなーい」とのお答え。どうやら液体への理解はまだ曖昧なようだ。

最後に、じゃあ雪はお水？と聞くと、ちょっと考えて「うーん、だんだんとけるおみず」と返ってきてびっくり。それは分かってんだ。

目を
つぶれるようになる

娘がなかなか夜寝付くことが出来ないのは、意識的に目をつぶることが出来ないことが原因のひとつなのではないかと僕は思っていた。

というのも、目つぶってみて、とお願いしても、なぜかどうにも娘は目をつぶることが出来ないのだ。僕にとっては不思議なのだけど、娘がふざけているわけではないことは分かるので、とにかく娘は目がつぶれないんだなぁとだけ思っていた。

今日、お昼ごはんを食べていると、娘が「みてー」と言ってきた。見ると、なんとそこには、目をつぶる娘がいた。おぉ！つぶれてる！と感動するが、口は「いーっ」と食いしばっているし、まぶたはプルプルと震えていて、顔面全体にものすごい力が入っていることが見て取れた。

目をつぶれたのはすごい進歩だけど、こんなに力入ってたらやっぱりまだ寝られないよね……。

遊びと生活が繋がり始める

　そこらで採ってきたノビルを水で洗って、皮を剥いたり、フキの筋を取るのにはまっている。千尋さんの料理のお手伝い……ではなく、単なる遊びだ。

　でも、この様子を見ていると、そうか、前に風呂桶をひたすら洗って遊んでいたのは、こうしてノビルを綺麗にするためだったのかとか、シールを剥がす遊びを延々としていたのは、フキの筋を取るためだったのかといったように、以前していた遊びが、結果的に生活力の向上に寄与していることが分かって興味深かった。

はじめての
デザイン

散歩で摘んできた花を、色分けしながら花瓶に挿した。いつもは適当にばっと入れるだけなので驚く。

その後、ビーズを青、黄色、青、黄色と交互にならべ、さらにピンク、黄色、ピンク、黄色と並べてブレスレットを作った。

娘がした、はじめてのデザインに感動。

観察眼の向上

ホームセンターに行く度に、娘がピンク色の花を買いたがるようになった。しばらくその希望に応じていたら、庭がペチュニアだらけになった。

おそらくそれをずっと見ていたのだろう。ある日、娘はつぼみを指さして、「けがはえてるねぇ。ふわふわだねー」と言い、花の奥を見て「ここきいろいねぇ。みつあるかなぁ」と言った。

僕が普段行っている植物観察とまったく一緒の観察をしていて驚愕。

娘の地図と、娘の時間

　ようちえんから帰ってきた娘が、「きょう、ようちえんで（食事を）かちゃかちゃしてたんだけどー、きこえた？」と聞いてきた。思わず、聞こえるわけないじゃん、と爆笑してしまう。しかし後になって、今日の問いかけ、なかなか面白いものだったなと気が付いた。

　というのも、娘のこのセリフは、彼女の世界にはまだ物理的な遠近がないことを示しているのではないかと思ったのだ。いまの娘にとって、A地点とB地点は何キロ離れているというような客観的な理解はない。娘が近いと思ったら近くて、遠いと思ったら遠いのだ。娘の気持ちひとつで、世界の距離は決まる。

　同様に、娘の時間感覚も面白い。

　朝、ようちえんに出発するまでに時間の余裕があった時に、今日はお家で遊んでからようちえんに行けるよ、と伝えたことがあった。すると娘は、やった！　という表情をして、楽しそうにクルクルと回ってみせた。そして、「もうじかんなくなっちゃった？　3かいもクルクルしたから」と聞いてきた。

　それじゃあ時間は経たないよ、とこれまた爆笑してしまう。どうやら娘の世界では、時間の流れも娘の気持ちで決まるらしい。

作品名
『お歌が流れてきた』

　何かを切り抜いた後の画用紙を持ってきて、その周りにマジックペンでとんとんと点を打っていく。

　何をしているのだろう。と見ていると、娘が「あっ、みて。おうたがながれてきた」と言った。

　ううむ。これのどこが、何が、お歌なのだろう。僕にはさっぱり分からない。娘に聞くと、「さいたー、さいたー」が流れているそうだ。

虹を作る

　野菜の水やりを娘にお願いしていたところ、偶然シャワーから虹が出ていた。娘はそれに気付いていなかったので、虹出てるよ！　と教えてあげる。

　それは僕にとっては感動的な光景だったのだけど、娘にとってはそんなに劇的な出来事ではなかったようで、思った以上に反応がない。へぇーと言った感じだ。

　大人が面白いと思うことと、子どもが面白いと思うことって、違うんだなぁ。

やっと命ついた

　ようちえんから帰るなり、毛布をずっといじっ
ている。なんだか真剣なので放っておく。しばら
くすると、娘は「やっといのち（命）ついた」と意
味深なことをつぶやいて振り返った。

　どういう意味だったのだろうか。

同じ場所で、違う時間を過ごす

　スイカのつるにものすごい量の毛が密生していたので、僕はそれを撮影していた。すごいなこりゃ。どこにピントを合わせればいいのか分かんないよ、と僕が悪戦苦闘していると、その背後から娘が、「ねー！ いまのクワおいしかったよー！ くろかったのー！」と大声で言ってきた。

　これまでは、娘と一緒にいる時は絶えずつきっきりで遊んでいないといけなかった。でも今日、僕はスイカに、娘はクワに、それぞれがそれぞれの対象に集中していた。

　ついにきたのだ。同じ空間にいながら、お互いに違うものに熱中する時間を過ごせるような時が。

蝶々になる

ハンモックにくるまって、「みて、ちょうちょだよ」と娘が言う。蝶々に見えないんだけど、と素直に伝えると、娘は「いまはさなぎだよー。ぱかってなって、ちょうちょになるー!」といってハンモックをばっと広げた。

それを見て僕も「わー、蝶々だー」と言い、娘を抱き上げて一緒に空を飛んでみた。蝶々はその後ひとりで庭に出て、さらにパタパタと向こうへ飛んでいった。

僕はその後を追いかけて庭に出たのだけど、なんだか娘はひとりで楽しそうにやってるので、野菜に水やりをすることにした。そのついでに、蝶々にも水をかけてみる。すると、蝶々は「やめてくれ〜」と逃げていく。そして、「ちょうちょさんは、あめがふったらはっぱのうらにいるんだよ」と娘が向こうから言ってきた。

娘って、なんだかもういろんなことを知ってるんだなぁと思った。

娘のしりとり

　言葉の上達が目覚ましいので、もしかしたら分かるかも、としりとりを教えてみた。するとその翌日、娘がひとりでしりとりを呟いていた。こっそり聞いていると、

　　らくら。

　　ら、ら、ら。らすら。

　　ら、ら、ら。らっくら。

　　ら、ら、ら。らるら。

　　ら、ら、ら。らくら。

と、「ら」から始まるオリジナル単語でしりとりをしていて、聞きながらニヤニヤしてしまう。

　途中、我慢出来なくなって、「ら」なら、「らくだ」とかどう?と聞いてみる。すると、

　　らくだ。

　　だ、だ、だ。パズル。

　　お、お、お。おかざり。

　　り、り、り。はた。

　　お、お、お。おねえさん。

　　ぱ、ぱ、ぱ。ぱぱ。

　　ふ、ふ、ふ。フラミンゴ。

　　み、み、み。みそら。

　　ら、ら、ら。らみそ。

　　ら、ら、ら。ミソラシド。

と言っていた。もう、最高だな、この人。と思った。

寝言をよく言うようになった

寝ていた娘が、突然泣きながら「これとってくれない、とってくれない?」と手を出した。千尋さんが、娘の指から、目には見えない何かを取ってあげる。するとまたすぐにスヤスヤと寝た。なんの夢を見ていたのだろう。

娘が寝言を言うようになったのは1歳7か月くらいからのこと。ちょうど、言葉が出始めた時からだ。言葉を覚えたから寝言を言うようになったのか、夢を見るようになったから寝言を言うようになったのか。どちらだろう。

車の音が聞こえた

　道路を渡る時に、左右を確認する練習をしている娘。本当に見えているのか見えていないのかよく分からないが、片手を挙げながら、首を左右に素早くふる。5往復くらい動かして、いざ渡ろうとすると、「あっ!」と娘の動きが止まる。

「まって!」と言い、首を右にして、遠くを見る格好になる。すると、向こうから車がやってきた。「えっ、どうして分かったの?」と聞くと、「おとがきこえたの」と言う。

　どうやらそれがとても嬉しかったようで、その後しょっちゅう、「わたし、あのとき、くるまのおと、きこえたよね?」と言ってくるようになった。

はじめてクイズを出す

友人の子ども（小2）が、ひっかけクイズを出してくれた。
『ある女の人が1万円を持っていました。女の人は1万円を落としてしまいました。さて、女の人はいま何円持っているでしょうか』

正解は、1万円だそうだ。

女の人は1万円を落として、しまいました。と、文章の間に句点を入れて読めば答えが分かる。

それを聞いていた娘が、「じゃあわたしも〜」と言い出す。そして、「おなかのひっかけクイズです。おなかの中で、いちばんたいせつなもの、なんだ」と言う。

えっ、おへそ……、とか？　と聞くがはずれ。

全くもって分からなかったので、答えは何なの？と聞く。すると娘は「ぱっぱいですね〜」と言う。

これをひっかけクイズと言っていいのかどうかよく分からないが、一応これが、娘が生まれてはじめて考えたクイズだ。

思い出を持っている

　千尋さんと娘が、きゃーきゃー盛り上がりながら、娘のトレーニングパンツを見ている。

　娘は今日から普通のパンツをはくことになったので、これまではいていたトレパンを捨てようとしていたのだ。2人は、やたらと楽しそうな様子でゴミ箱へ近付いていく。そして、あ〜！！とか、きゃ〜！！とか言いながら、トレパンをゴミ箱に入れた。

　何をそんなに盛り上がって。はやく捨てれば？　と、はじめはあきれながら見ていた僕だったが、ゴミ箱に入ったトレパンを見ると、あれやこれやの記憶がよみがえってきて急に寂しい気持ちになってきた。千尋さんはもっと寂しい気持ちになっているようで、「あ〜、やっぱり寂しいねぇ」と、その気持ちがもう言葉として出てきてしまっている。

　娘も、そんな親に引きずられたのか、自分自身でもそう思ったのか、「やっぱりユニコーンはすてない〜、いいい〜」と言い、ユニコーン柄のトレパンをゴミ箱から救出。タンスに戻しにいった。さらにもう一度ゴミ箱を開け、「やっぱりウサギさんもすてない〜！きゃ〜〜〜！」と、ウサギさんも救出しタンスへ。これを何回も繰り返し、結局トレパンは1枚も捨てることが出来なかった。

　いったい何をやっているんだかというくだらない話だが、どうやら娘にはもう、「思い出」というものが出来ているようだということは分かった。

エッセイ
目に見えないものを
理解していく

「お母さんの気持ちを大切にしないと、山の水が身体に入って、胃袋を通って、道を通って、おしっこになって出てきちゃう。そうするとお母さんが死んじゃう。お父さんも死んじゃう。わたしも死んじゃう。」
と、ようちえんで娘（3歳6か月）が言っていたらしい。

詳しく聞くと、どうやら娘の同級生が、そのお母さんから離れられずに泣いていたそうで、娘はじっとその様子を見ていたらしい。そして娘が同級生に向かって、「お母さんの気持ち考えないの?」と言ったのだそうだ。お母さんから離れてあげなよ（そしてひとりで朝の会においで）。という意味だろう。そこで、飛び出したのが冒頭のセリフらしい。なんだかすごいことを言ったのではないかという気がして、この言葉の意味を、僕はずっと考えていた。

この何日か後、ようちえんに行く際に、娘がDVDを見たいと言い出した。「10分だけならいいよ。それならようちえん間に合うから」と僕はOKを出した。でも、合図のキッチンタイマーが鳴っても、娘は「まだ見る」という。それを何度も繰り返し、しびれをきらした僕は、DVDを親権限で強制終了。娘を抱きかかえて家を出た。

ようちえんに向かう車内には、重苦しい空気が漂っている。僕も、もっとうまく出来たんじゃないかと反省している。娘に、「いま、どう思ってる?」と質問をする。すると、「わたし、悪くないもん」という答えが返っ

てきた。確かに悪くはないか、と思う。ようちえんに時間通りに連れてい
きたいのは、僕の都合なのかもしれない。質問を変えて、「いま、どんな
気持ち?」と聞いてみる。すると、「前にお母さんにようちえんで言った
やつ」と言う。「何それ?」と聞くと、「お水がなくなっちゃうんだよぉ」と
のこと。

　なるほど。これはもしかしてと思った。

　ようちえんに着き、娘に「お水、入れていい?」と聞く。娘は頷く。そし
て、僕は心からの気持ちを込めて、娘をぎゅーっと抱きしめた。「どう?
お水入った?」と聞くと、「入ったよ。おなか、聞いてみて」と娘が言う。
僕は娘のお腹に耳を付け、「うん。半分くらい入ったみたい」と言ってみ
る。「じゃあ満杯にしよう」と、もう一度ぎゅーっと抱きしめる。「どう?
満杯になった?」と聞くと、「うん。満杯になった」と娘が言う。これで僕
たちは仲直り。特別サービスで、駐車場から肩車をしながらようちえん
に向かった。

「お水は、やっぱり『愛情』のことだったみたいだね」と家に帰ってから
千尋さんに報告をする。千尋さんは、「愛っていうか、自分の気持ちと
か心を表しているのかなぁ」と言った。

　心が満たされていれば、お水がいっぱい。満たされていなければお
水がなくなっちゃう。その表現の意味するところはなんとなく分かる。お
水がなくなると、お母さんもお父さんも娘も死んじゃうのは、それくらい
気持ちというのは大事なものなのだと娘が捉えているということなのか
もしれない。

　娘は野外保育のようちえんに通っている。今年の夏に、水の大切さを

娘なりに感じていたのかもしれない。自分にとって大切な「水」と「心」がリンクして、このような表現に至ったのだろうか。大事な水の出どころが、水道ではなく「山」だったことにもなんらかの意味が隠されていそうで、娘の表現力にしびれてしまった。

　これ以降、我が家では互いの気持ちを聞く時には「どう？　いま、お水入ってる？」と聞くようになった。自分でも使ってみると、この表現はなんとも心地良いことが分かった。「いまの気持ちどう？」と聞かれても、本当のことはなかなか言いにくいものだけど、「いまお水入ってる？」と聞かれるとなぜか素直に答えられるのだ。

　思い返すと、娘がこのように、目に見えないものを「具体物」に変えて理解し、表現することは、これまでにもあった。「愛情」や「気持ち」といったもの以外で印象に残っているのは「お約束」だ。

　これは娘が３歳になったばかりの時のこと。その時の僕は、何とか娘に「お約束」を分かってもらおうとしていた。といっても、「この絵本読んだらお風呂入ろうね」といった程度のものだ。大人からすれば簡単なことだけど、これがどうしたって出来ない。絵本を一緒に読んでから、「じゃ、お風呂行こうか」と言っても、娘はまるで応じてくれないのだ。

　ある日、僕はこう聞いてみた。「今日はお風呂入るって約束したじゃん。お約束どこいっちゃったの？」と。すると娘からは「なくなっちゃった。ポケットいれなかったから」と返答があった。その表現が可愛くて、僕はつい笑ってしまう。

　この翌日、「今日はお約束どうなった？」と聞くと、今度は「あるよ」と

手の平をお皿のようにつぼめて見せてきた。「分かった。じゃあそれ、落とさないでちゃんと握っててね」と伝え、絵本を読む。その後、「どう？お約束落としてない？」と聞くと、「まだあるよ」と手の平を見せてくれた。そして、「じゃあお風呂行こう！」と言うと、「うん、行くー！」と快く応じてくれた。たぶんこれが、娘がはじめて完遂した「お約束」だ。

　この日を境に、娘は少しずつお約束が出来るようになっていく。3歳2か月の頃に、「どうして最近はお約束出来るの？」と聞くと、「シートベルトみたいのしてるの」と答えてくれた。お約束がどんな形をしているのか、僕には分からないけど、どうも娘の中では、お約束が具体物になっているようだ。

「デザートはごはんの後にしようか。ごはんの後にちゃんとリンゴ剥くから」と僕は言いながら、おにぎりのようなものを握る真似をする。それを「はい。お約束」と娘に手渡す。娘は受け取る。「じゃ、シートベルトつけといて」と僕は言う。「カチャッ」と娘は言い、お約束を自分のそばに固定する。こうしてこの表現も、僕にとってはすぐにとても便利なものとなった。

　こんな方法は、僕にはとうてい思いつかない。小さな発明家のおかげで、今日も我が家は楽しく過ごすことが出来ている。

「厚い⇔薄い」、「薄い⇔濃い」

　川で遊んだ帰り道。「ドレス着たいー」と娘が言う。「どのドレスのこと?」と聞くと、「緑のドレスー」とのこと。「あー、たぶん乾いてないよ。それは。でも、白いドレスなら乾いてると思うよ」と、僕は言う。娘が「どうして?」と聞いてきたので、「緑のは (生地が) 厚いでしょ。だからなかなか乾かないんだよ」と答える。すると娘から「厚いって何?」と質問が返ってきた。なので、「手で触った時の感じが厚いでしょ?　でも白いドレスは薄いでしょ。だからそっちはすぐ乾くよ」と言ってみる。

　すると娘は急に黙り込む。何かを考えているのか、何も考えていないのか、僕には判断がつかない雰囲気を出している。しばらくして、「厚い紙はなんていうの?」と、また娘が口を開いた。「厚紙、かなぁ」と僕は答える。「じゃあ薄い紙は?」と娘が聞いてくるので、「そうねぇ。薄紙かなぁ」と僕は言う。「どういうのー?」と娘が聞くので、「折り紙とかはそうかなぁ。あれは薄いよね」と答える。そして最後に娘が「じゃあ濃い紙は?」と尋ねてきた。「おぉー。濃紙かな?　そんな言い方、本当はないと思うけど」と僕は答えた。

　なんだか脈絡のない会話だったなぁと思いつつ帰っていると、どうして娘が最後に「濃い紙」の話をしたのかに気付いて思わずにんまりしてしまった。「厚い」の対義語は「薄い」だが、「薄い」の対義語には「厚い」と「濃い」の2つがあるのだ。

　娘はいま、言葉のルールを自分の中で整理している真っ最中のようだ。

娘が着たがった
緑のドレス。

夕方を知る。
朝は知らない

「もう夜だから帰ろう」と娘に伝える。すると、「違うよ！ まだ夕方だよ」と娘から返答があった。

ゆ、夕方！！

これまでは昼と夜の区別しかなかった娘の世界に、ついに「夕方」が登場した。僕は興奮して、「夕方と夜はどう違うの？」と聞いてみる。すると娘は「夕方は暗くない」と答えてくれた。判断基準もちゃんとあるらしい。

じゃあ「朝と昼は？」と聞くと、「朝と昼は同じ」とのこと。これには思わず、なるほどな。と思う。

娘は、昼から夕方に変わるところは毎日見ている。なので、暗さで判断すれば、昼と夕方は判別出来る。しかし、よく考えると娘はまだ、夜中から朝になる過程を見たことがない。となると、朝と昼の明るさの違いは、まだ娘の中には存在しないということになる。ならば、確かに朝と昼は一緒だ。

よし、いつか日の出を見せてあげよう。

ハートが描ける。
三角は描けない

娘がホワイトボードにハートを描いた。これまで何度も挑戦しては描けずにいたのに、急に描けるようになった。すごい。

喜んだ僕が、「じゃあ三角も描けるんじゃない?」と、三角の見本を描いて見せる。

すると、娘はこんな図形を描いた。なるほど。なんか、気持ちは分かる!

三角って、難しいんだなぁ。

ストローの学び

僕が、透明のストローを使ってアイスコーヒーを飲んでいると、「なんでストロー茶色くなったの？」と娘が聞いてきた。

えっ。もしかして娘って、これまでストローの仕組みを知らずに、ストローを使っていたというわけ？ と驚いて、説明を始める。

「んっとね。ストローを吸うと、ストローの中を飲み物がのぼってくるのね。だから、茶色いコーヒーを飲んだら、ス

トローが茶色くなるんだよ」と言ってみる。

そう話しながら、あっ、これって物理じゃん、と気付いて僕のテンションが勝手に上がる。そして、「ということはですね、つまり、ストローを使うと飲み物が飲めるんです！」と、興奮気味に話す。

娘が理解しているかどうかを待たず、僕はさらに「じゃあさ、ストローをフーッと吹いてみ？ ブクブクなるから」と伝えてみる。すると娘はすぐにそれを実行。見事にストローブクブクをしてみせた。

娘にはまだ、知らないことがたくさんあって羨ましいなぁ。

娘、怒る

娘と手を繋いで歩いている時のこと。

ちょっとした段差につまずき、娘が姿勢を崩したので、僕はとっさに手を強く引っ張った。すると娘が、「もう！ お父さんったら！ 痛い!」と怒ってきた。僕は、「だって手を引っ張らなかったら転んだでしょ?」と言う。でも娘は、「だから！ お父さんが手をひっぱったから！ 痛かったの!」とプンプンだ。

なんて理不尽なんだ……と思いつつ、僕は感動してしまう。なんといっても娘がこんなにも明確に怒っていることと、その理由を伝えてきたのははじめてだったからだ。

思い返すと、1〜2歳の娘には、ほとんど時間の感覚がなく、いま目の前に起きている一瞬一瞬が世界のすべてだったように思う。なので、その時はおそらく、「お父さんが手を引っ張ったこと」と「自分の手が引っ張られて痛い」ことがそこまで繋がっていなかったのではないかと思う。

でも、いまの娘は、自分の身に起きる出来事の前後の関係がはっきり

と分かる。そして、それを言語化することが出来る。これは娘にとって大きなステップアップだと思う。

自分の感情を出すことが出来、それを伝えることが出来るようになった以上、いままでよりもさらにしっかりとしたコミュニケーションを取るようにしないとな、と思う。

算数なのか
国語なのか

　何だか分かりそうな予感がしたので、右手の指を1本立てて、「これ何本？」と娘に聞いてみた。すると「1本」と回答がある。「じゃあこれは？」と、左手の指を2本立てて見せる。すると「ふたつ」と難なく正解する。「じゃあ右手の1本と、左手の2本を合わせたら何本？」と聞くと、ひとつ、ふたつ、みっつと数えて、「3本」と答えた！　この調子で続けると、1＋1、1＋2、2＋3、3＋4まで、見事に正答してきた。

　特に深く考えずに始めてみたことだったけど、これは娘のはじめての足し算ではないか。すごい。算数出来るのか。そう驚いたのだが、よく考えると、ただ指の数を順番に数えているだけなので、いや、これはむしろ国語力なのか？と思う。

3 歳 4 か月

娘の「痛い」が分からない

いつものようにご機嫌で過ごしていた娘。夜になって急に「足、痛い〜」と言って泣き出した。「どこ?」と聞くと、「ここ」と脛を指さす。見た感じ、外傷はなさそうだ。なんだろう。特に思い当たる節がないので、何をしてあげればいいのか分からない。

千尋さんが、「ズキズキって感じ? それともジンジンって感じ?」と聞く。なるほど。痛さの種類が分かれば、対応方法も考えられる。

でも、娘はまだ圧倒的に経験不足で、ズキズキとジンジンの違いは分からない様子。千尋さんの質問には答えず、ただ、「痛いの〜」と号泣している。結局、千尋さんが脛に湿布を貼ってあげて、娘がちょっと落ち着いた隙を見逃さず、そのまま職人技のように寝かしつけた。

やるな、千尋さん。と思いつつ、僕は、「子ども 脛 痛い」などと検索してみる。しかし、娘の痛さがどのような痛さなのかが分からないので、結局何も分からない。

これがもし風邪なら、体温や咳の出具合から、娘がどれくらい苦しくて、何をしてあげればいいのか想像がつく。けれど、この「痛さ」というものは、外から見える傷などがなければ、子どもの言葉しかヒントがない。

そもそも、自分の身体の痛さは人と共有することが出来ない。ズキズキもジンジンも教えようがない。人は、どのようにして痛さの種類を共有出来るようになるのだろうか。

ものすごくオシャレになる

どの
コーディネート
にするか
考え中。

　もともと洋服の好みがはっきりしているタイプだったが、3歳頃からオシャレ心が爆発している。

　朝起きてお着替え。ようちえんから帰ってきてお着替え。夕方になったらお着替え。夜ごはんを食べる前にお着替え。1日4回は着替える人になった。

　なんでそんなに着替えるの?と聞くと、「だって、素敵じゃない?」と言う。どうやら娘は、オシャレさんなようだ。

工作のレベルが上がる

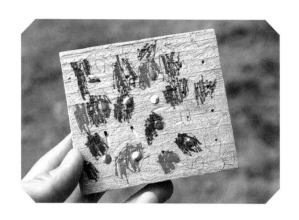

千尋さんが日曜大工をしているそばで、娘がトントン工作をしていた。そして、出来上がった作品を、「お父さん寂しそうだからあげるー」と言って、手渡してくれた。僕は別に寂しくはなかったが、喜んでその好意を受け取る。

「何なの？ これ」と聞くと、「これはー、絵本でー、壁にかける絵本なのね、色のところをめくるとー、また違う絵が出てくるってことね」と教えてくれた。壁にかける仕掛け絵本ということだろうか。

なんだか複雑な作品だ。手先が本当に器用になってきた。

ついに同い年の
友達が出来る

　家族でお出かけ中、娘の同級生の親子と偶然出くわした。その場の流れで一緒にごはんを食べることになり、つい大人だけで盛り上がってしまう。娘は、自分のペースに合わせてくれるようなお姉ちゃんとは遊ぶが、同じ年頃の子とは遊ばないので、こういう時は、すぐに大人の会話を阻止しにくるのが常だった。でも、今日の娘は一向にこちらにやって来ない。なんとしたことか、さきほどからずっと同級生と一緒に石ころを拾って過ごしているのだ。

　い、いやいや、まさかね……。と信じられない思いを持ちつつ、今度はカフェに移動する。すると、その駐車場でも、娘と同級生はケタケタ笑いながらじゃれあっている。すごく楽しそうだ。

　これまで僕は、別に娘が友達と遊ばなくたっていいと思っていた。けれど、友達と2人で楽しそうにしてる姿を見ると、自分でもどうかと思うくらい感動してしまった。

　自分の世界に、親以外の他者を招き入れることがどれだけすごいことなのか。こんなことだって、僕は親になってはじめて知ったのだ。

上から見た絵を描く

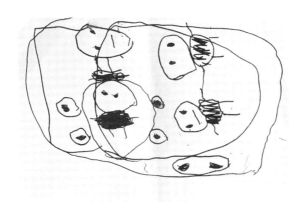

娘が急にこんな絵を描いた。

　ようちえんで、スーパーのショッピングカートに乗って、それをお母さんが押してエレベーターに乗っているところだという。

　その状況はよく分からないのだけど、上から俯瞰して描いた絵だということは分かる。どういう世界の理解なんだろうと考え出すと、すごく面白い絵に感じてくる。

自然遊びと物語

　季節外れに、庭のタチアオイに花が咲いた。娘は、その花の中にカエルがいることを発見し、「カエルさんがお風呂入ってる〜！」と言ってきた。素敵な世界だなと思う。

　その後、実家に行きクリとカキを収穫しに行く。たくさん採れたので選別作業をしていると、せっかく選り分けたクリを、娘はカキの落ち葉の上にどんどん乗せていく。

　そして、「魔女の国ではね、こうやってごはんを食べるんだよ。」と言ってきたので、「そうかい。じゃあそのクリ、こっちのカゴに戻してくれる？」と適当に返事をする。すると娘は「やだ！」と、次々に落ち葉にクリをのせていく。

　なんだかよく分からないが熱中しているので、僕は諦めてその様子を見守る。すると、最後にはこんなことに。

　クリ、カキ、イチジクが、それぞれカキの落ち葉に乗っていて、これぜんぶが、魔女のごはんなのだそうだ。

　自分の知っている言葉、表現、物語で、娘は今日も世界を見て、遊んでいる。

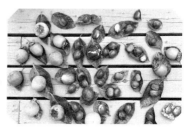

うさぎを
描くようになる

うさぎを描いて、切り抜いた。

なんだろうか、この魅力は。完璧だ。

「よく育てたねぇ」

夕方、3歳、5歳、6歳児の友達がうちに来た。僕がみんなをまとめて風呂に入れ、その間に千尋さんがカレーを作る。みんなで夕食を食べて、そのまま21時近くまでギャーギャーと賑やかに遊んだ。すごく楽しい夜で、なんだか僕は、こういう過ごし方を求めていたんだ、という気がした。

その翌日、娘がプラ板で、図鑑に載っている魚のホウボウをなぞっていた。これだけ複雑なものをなぞるのは本当にすごいことだといまなら分かる。でも、いまの娘の器用さからすれば、そりゃこれくらい出来てもおかしくないか、とも思う。

お友達とよく遊ぶようになり、自分で出来ることが増え、あぁなんだかもう、子育て第一段階は一丁上がりかもなという気持ちに急になった。

思わず、「よく育ったなぁ」と口に出してつぶやくと、それは娘にも聞こえていたようで、「よく育てたねぇ」と返答があった。

うん。本当に、よく育ったよ、あなたは。と思った。

エッセイ
自分で乗り越える

　東京にいた時のこと。春に2歳になった娘は、保育園のクラスを進級
し、幼児クラスになった。すると、これまで問題なく通えていた保育園に、
なかなか気持ちが向かなくなってしまった。園で過ごす場所が1階から
2階に変わったことと、先生たちが急に変わったことが原因ではないか
と僕は思った。そりゃ娘も大変だよなぁ。そのうち慣れるだろうか、と
しばらく何とか行ってもらっていたのだけど、夏になってもまだ行きたがら
ない。さすがに4か月も経ってくると、親としては心配になってくる。

　朝、保育園に行くために自転車に乗ると、娘からは笑顔が消える。あか
らさまに落ち込み、一生懸命気持ちを整理して耐えている姿を見るのは、
夫婦ともに精神的に堪えるものがあった。毎朝こんな思いをするなら、い
っそ保育園やめるか。うちは夫婦ともに個人事業主。時間の融通はつくと
いえばつく。力を合わせれば、育児しつつも最低限の仕事をすることも出
来る。いや、無理か。でも、寝る時間を削れば何とか……。うーむ。

　と、夫婦で悩みが深まる一方だったので、いつも相談に乗ってもらって
いる深津高子さん（国際モンテッソーリ協会公認教師。ピースボート「洋
上子どもの家」アドバイザー）にアドバイスをもらいに行った。高子さんは、
これまでずっと僕たちにモンテッソーリ教育の考え方を教えてくれていた
方で、僕たちの子育ては、高子さんに大きく支えられてきた。

　「たぶん、いまの保育園、娘に合ってないんじゃないかと思うんです」と
僕たちはまず相談した。すると、高子さんからはこんな言葉が返ってきた。

　「娘ちゃんには、まだ発揮していない力があると思う」

これには驚いた。思いもよらない返答だったからだ。なぜなら、僕の目からは、娘は順調に育っているように見えていたのだ。言葉の発達は目覚ましいし、手先の器用さも日に日に増している。運動能力だって向上の一途だ。これくらい力を発揮してくれればもう十分じゃないだろうか。それと、本音を言うと、僕たちだってもう十分に頑張っている。これ以上何が出来るというのだろう、とも思った。

　ところが、その際に高子さんがくれたアドバイスは意外なものだった。ひとまず、娘に家事のお手伝いをしてもらうことを提案されたのだ。2歳4か月なら、ごはんの時に、お箸やスプーンを机に揃えて置くことが出来る。机に何かこぼしたら自分でふく。食べた後の食器は自分で片付ける。そうしたお仕事をしてもらうといい。それが高子さんのアイデアだった。

　さらに、相談に行った時の僕たちの様子を見て、こんなことも言われた。

「夫婦で話してる時、娘ちゃんがそれを嫌がったら、『いまは大事な話をしてるから、キッチンタイマーが鳴るまで待っててね』みたいに、親の気持ちをちゃんと伝えるといい（時間の概念は、まだ2歳児には分からないので、針が動くタイマーなどを使い、具体的に伝える）。親にも事情があり、すべての時間を娘に集中することは出来ないと分かってもらうことも必要（ただし、タイマーが鳴ったら必ず娘と話すこと。約束を守るのは大事）。それを続けると、娘ちゃんの中に、『家族の一員としての自分』という面が出てくる。そうすれば、親が忙しい時には、自分で工夫して楽しいことを見つけようという気持ちが出てくるはず。」

　そして、その次の言葉が、僕の胸に深く刺さった。

「きっと娘ちゃんは家が楽しすぎるんだと思う。高級旅館みたいなサービスを受けてるわけだから」

これにはハッとさせられた。確かにそうなのだ。僕は、娘に気持ちを集中することは、無条件に良いことだと思っていた。娘が何か言えばすぐに反応しよう、娘が求めてきたらすぐに遊ぼう、と心がけていた。だけど、普段そうした環境で過ごしていれば、保育園のようにたくさんの友達がいて、大人からの関心が自分だけに集中しない場で過ごすことは難しくなるかもしれない。娘が日々楽しく過ごせるよう努めていたつもりが、かえって娘を大変にさせてしまっていたのかもしれない。

　「家事のお手伝いなんて、大人からみるとちょっとしたことに思えるけど、そういうちょっとしたことで、子どもは劇的に変わる時があるから」という高子さんの言葉を信じ、うちでも娘に出来る仕事をしてもらうようにした。

　ここらへんのことは千尋さんが得意なので、食器棚から食器を取りだせるように踏み台を用意したり、娘が使いやすい大きさのお盆を用意するなど、すぐに生活環境を整え直してくれた。娘にとっては遊びの一環ではあるようだったけど、意外なことに娘はそれらに喜んで取り組んだ。試しに洗濯物を一緒にたたんでもらうと、娘は5分ほどかけてタオルを一枚たたみ、満足そうな顔をした。僕自身も、態度を改めた。娘が遊びをせがんできても、その時の自分の状況をちゃんと説明する。「いま歯磨きしてるから、終わるまで待ってて」といったように。

　そして……。

　その結果起きた娘の変化に、僕は本当に驚いた。高子さんに相談をしてから4日後には、娘は保育園に前向きに行くようになり、家でもひとりで遊ぶ時間が出来たのだ。しかも、なぜかその姿は楽しそうだった。変化が劇的すぎて、僕は信じられない思いでこの時の娘を見ていた。

　その週末には、娘にシソの葉っぱを切ってもらっている間に、僕は庭

の夏野菜の片付けをすることまで出来てしまい、これまた驚いてしまう。これまでなら、娘がシソを切る遊びをしている時は、僕もそばについていてずっと見ていないといけなかったのに。

　一体何が起きたのだろうか、と考える。高子さんの言っていた、娘の発揮していなかった力が、こんなにも一気に出てきたのだろうか。だとすれば、娘って本当にすごい（高子さんもすごい）。こんな可能性があったのか、娘に。僕はこの時、心から感動した。

　娘の心の中で何が起きたのか、いまだによく分からないのだけど、「自分で何かをした」という体験が、娘の自信に繋がったのではないか、とは思う。それを示すかのように、このすぐ後には、トイレ3連続成功の偉業を達成し、夜寝る時には「お父さん、歯ブラシ終わったら絵本読んでー」と、僕の就寝準備を先読みしてくるまでになった。

　千尋さんは、「わたしたちが変わったから、娘も変わったのかも」と言っていた。もしかしたら娘は、親から見た「子ども像」を演じていたのかもしれない。親が娘を子ども扱いするから、娘も親から離れなかった。でも、自分たちが娘をひとりの自立した人間として見たら、娘も自立した。そんな風に千尋さんには見えたらしい。確かにそれもありそうだ。

　何はともあれ、秋以降、娘は前向きに保育園に行くようになった。楽しげに登園する娘を見ていると、あの時、親の早合点で保育園をやめなくて本当に良かったなと思う。これは、娘が自分で超えることが出来る壁だったのだ。そのことを、当時の僕は分かってあげられなかった。

　この出来事は、僕にとって大事な転換点になった。娘は、信じるに足る存在だ、力強い命なんだ、と思えるようになったのだ。これからも悩むことだらけだろうけど、娘の力を信じることは忘れないでいたい。

鈴木家夫婦が4年間を振り返る 子育てが教えてくれること

鈴木千尋（以下、千尋） ゲラ、すごく面白かった！ 途中で爆笑したし一気に読んだよ。最後の保育園のエッセイ「自分で乗り越える」なんか感動しちゃって。今日はこの4年間にあった色んなことを思い出して、話していると泣いちゃうかもしれないな。

鈴木純（以下、純） それを聞いて安心した（笑）。今まで、娘の生命維持は千尋ちゃんが主に担ってくれていて、自分はその極めて大事なことが担えないまま観察をしていた気持ちだった。その記録をまとめることに対して、自分は楽しくても、これを見て、千尋ちゃんがどう思うかは想像がつかなくて。

千尋 ずっと家中に純のメモが散らばってたもんね。わたしがメモ帳使おうとすると、そのどれもに純の書きかけのメモがあって「もう！」ってなってた（笑）。もちろんこれまで色々あったけど、わたしに時間的、精神的な余裕がない時、近くに子どもの発達に気付いて、それを教えてくれて、一緒に成長を面白がれる人がいたのはありがたいなと思ってたよ。

純 育児観として、「娘のいまを見て、娘がしたいことを尊重する」というのは共通していたよね。いま、娘はこれ

が好きだよとか、こんなことがあったから注目しといてとかね。

千尋 ひとりで子どもと対峙して一生懸命になっていると、その「いま」に気付けないことがあるんだよね。それはすごいもったいない。そこに純の視点があると、それに気付かせてもらえる。純って、どうしていつも観察をしてるの？

純 ふたつ動機があって、ひとつは、いち生物好きとして、ヒトが成長する過程を見たいっていうこと。これはごく個人的な好奇心が原動力。もうひとつは、男親には観察という手段しか、子どもを知る方法がないんじゃないかと思ってたということ。

　俺、千尋ちゃんが妊娠してから、自分は身体的男性なんだって、身にしみて感じてるんだよね。俺のお腹の中には赤ちゃんは来ないし、母乳も出てこない。そうしたことを千尋ちゃんが担ってくれてありがたいと思う反面、俺の中にはどこか悔しい気持ちもあった。絶えず肌を寄せ合っている二人を見ていると、千尋ちゃんの方がやっぱり娘を理解しているよなって思う。俺は、どうにかそれに追い付かないとって焦ってた。

千尋 それで観察をしていたと。

純 そう。俺の記録って、生後0歳11か月目以降から一気に増えるんだけど、それは、生後間もなくの頃は仕事が忙しかったという理由のほかに、その間は娘がどう成長しているのかが自分にはなかなか見えてこなかったっていうのもあるんだよね。

0歳11か月までのこと

純 そこで聞きたいんだけど、千尋ちゃんから見て、0歳11か月までの娘ってどんな感じだった？

千尋 わたしはその期間のことを本当に覚えてなくて。妊娠中からつけていた日記も今回の対談ではじめて読み返したの。子どもが産まれた直後は、こんなに小さな命を私が守らなくちゃいけないんだと思うと、不安でいっぱいだったな。最初に一緒に病院で過ごした夜に、娘が顔を真っ赤にして口から泡を吹いたの。「死んじゃう!!」と思って慌てて確認したら、うんちだった……。

この時期は人生で一番幸せだったと同時に、ずっとパニック状態が続いていたようなもので、特に入院中は写真もほとんど撮ってないんだ。

純 日記はつけてた？

千尋 つけてたよ。生まれた直後の娘が、誰にも教えてもらってないのに母乳の飲み方を知っていることに驚いたこととかね。後は、しゃっくりとか、足を伸ばす動きが、お腹の中にいる時と一緒なことに気が付いたこととか。ホルモン変化の影響と押し寄せる感動で入院中は涙が枯れるほど泣いたもん。

退院後も日記はつけてたんだけど、やっぱり授乳や排泄の間隔の記録とか、生命維持に関わるものが多かったかなぁ。はじめの2、3か月は、それこそ昼夜の区別もない感じで娘と向き合うから、心身のほとんどを娘に捧げてた感じ。

それ以降は、娘が起きてる時間が少しずつ増えてきて、笑うようになったり、物が掴めるようになったね。娘の意思が見えるようになってきたのは、生後6か月の離乳食開始以降かな。スプーンを離さなかったり、おもちゃを取りたくて一生懸命前に進もうとしたり。

純 ちょっとずつ意思が見えてくるわけだよね。じつは俺、娘が0歳児の時は、千尋ちゃんと娘が1つの生命体のように見えてたの。身体は2つになったけど、1つの生命だなって。だから、なかなか二人の密接な関係の中に入っていけなくて。これ、俺にとってはめちゃくちゃ寂しい時期だった。でも、娘の意思が見え始めてから、千尋ちゃんと娘が2つに分かれてきた感じがあって、そしたらやっと俺にも娘の成長が見えてきたっていう感じがしてる。

千尋 なるほど。確かにこの時期は、娘が泣くと私はいてもたってもいられなくなってたから、一心同体の感覚はあったかもしれない。まぁ、いまも心が

波立つ感覚はまだ続いてるんだけど、娘が自分で出来ることが増えてくれば、身体的な距離は少しずつ開いていくのかもしれないね。

点ではなく、流れの中に「発達」がある

千尋 純が最初に記録している娘との会話は？

純 娘が「あ!」、「つき」って言って、「あぁ月かぁ」って返したのが最初かな。

千尋 わたしはもう少し後のことを、最初の会話だったと思ってる。自転車を3人で漕いでて、「お母さんお腹空いたなぁ、娘ちゃんは空いた?」ってわたしが聞いたら、娘が「おなか空いた」って答えたの。また私が「お父さん空いた?」って聞いたら、純が「お父さん空いた。お父さんパスタ食べる」って。そしたら娘が、「娘ちゃんも食べる。娘ちゃんトマト食べる。ケーキ食べる。お母さんも食べる?」って私に聞くの。それで私が「お母さんも食べる」って答えたら、今度は娘が純に「お父さんトマト食べる?」って聞いたの。3人で会話が出来たことに感動したんだよね。同じ会話の記憶でも、お互いに印象に残ってるポイントって違うんだね。

純 植物の観察でもね、花のつぼみを発見して写真を撮ったとしても、それは花のつぼみが出てきた瞬間とは言えないんだよね。だって、それは俺が気付かなかっただけで、昨日もうすで

に出てきていたものかもしれないから。だから、成長のことってどこか一瞬だけがあるわけではなくて、連続した流れの中にあるんだよね。切り取り方は人によって違う。ふたりの記録や記憶を合わせると、点の記録が線のように繋がっていくのが面白いよね。

千尋 共有すると純の気付きがわたしの気付きにもなるんだよね。発達の会話をするようになったのも生後半年くらいからかな。このあたりから、娘の成長に関する発見のシェアが増えてきたね。

やり遂げた時、いい顔するんだよね

純 この本のゲラを読んでもらった後に、千尋ちゃんが、子どもの集中を守ることは、子どもの生きるエネルギーを止めないことでもあるのかも、って言ってたのが印象的だった。

千尋 子どもは成長したいんだよね。自分でやりたい! 出来るようになりたい! というエネルギーがすごいもん。どんどん出来ることが増えて、それに関する課題を自分で見つけてくる。そういう時に親が「そんなことやってないで行くよ」と急かしたり、「もうごはんだよ」と言って集中の邪魔をしちゃうと、娘の中にある、これが出来るようになりたいという、生きるエネルギーそのものをそぐことになっちゃうんじゃないかと思うの。だって、やり遂げた時、

むちゃくちゃいい顔するんだもん。

純　エッセイにも載せた保育園に行けなくなった時期のことなんだけど、ある日、娘が保育園に行く途中にどうしてもコンビニに行きたいっていうから寄ってあげた時があったのね。何色もある付箋を欲しがったから買ってあげたら、保育園の門の前で「これやりたい」って言い出した。それで、付箋を一枚一枚取って保育園の連絡帳に貼り付け始めたの。俺はもう、保育園に遅刻するのが心配でやきもきしてたんだけど、結局娘は全部の付箋を貼りきった。そしたらいい顔になって、この日は保育園に行けたんだよ。

千尋　エネルギーを使いきった気持ち良さみたいのがあるのかなぁ。ただ、何かをやり遂げさせるためには、待つことが必要でしょ。そういった意味では、わたしは純ほど待てないんだよね。そこまで待つかぁ、と思う時もある。

純　社会が許す範囲なら待とうと思うんだよね。逆に俺の場合は、待つことは出来ても、娘が熱中することを、さらに取り組みやすくするための環境づくりは苦手。千尋ちゃんが上手だなと思ったのは、娘が夢中になっていることに気付いたら、その環境を整えてあげられるところだと思う。たとえばはさみに興味があるなって気付いたら、はさみを取りやすくしてあげるとか。これはモンテッソーリ教育がヒントにもなってたのかな。

　まぁ、なんて言ってるけどさ、自分たちがやってることが、子どもにとっていいことかどうかなんて、本当は分からないよね。

千尋　そうだね。分からないからこそ娘の観察をヒントに、その方法を探っていくしかないかもね。でも、高子さん（深津高子さん。p.116）が教えてくれたように、たぶん大丈夫なんだよ。子どもの中には、自ら成長する力がちゃんと備わっているから。

卒乳以前と以降のこと

純　娘は去年、卒乳したけど、それを機に娘から見た俺と千尋ちゃんの立場が対等になったかなと思ってるんだけど、どう？

千尋　娘が自然に求めなくなるのを待ってたら、3歳7ヵ月までかかったんだよね。1歳過ぎ頃からは、栄養は食事から採っていたから、その後は、心の栄養として1日に1、2回くらいあげてた感じ。かなり長い期間だったけど、娘には娘なりの理由があるのだろうと思ったし、私としても、娘が安心して休める場所と時間を確保してあげたかったという気持ちがあったんだ。

純　うんうん。

千尋　でも、ちょっとずつ娘が気にし出すようになったんだよね。3人で登山した日の夜、お風呂でわたしが「兄弟で登っている子がいたね」という話をしていたら、娘に「なんでわたしにはおねえちゃんがいないの？　欲しか

ったー」って言われたの。「娘ちゃんは、いちばん最初にお母さんのお腹に来てくれたからね」って話をしたら、娘は「でも欲しかった〜」って。そしたら、「もしお母さんに赤ちゃんが来たら、わたし、おねえちゃんになるね。でも、お母さんは赤ちゃんを可愛がってね。わたしばっかりを可愛がらないでね」って言うの。それでわたしは「でも娘ちゃんはまだぱっぱいするじゃん」って聞いたの。そしたら「でもぱっぱいしたい気持ちはお風呂にしずんじゃうの。滝で流れちゃうの」って。この日、娘には母乳から離れようという気持ちがあるんだなっていうのを感じた。

少し時が経って、またお風呂で「わたしってもうおねえさんだよね?」って娘が聞いてきたから、その大きくなろうとしている背中をちょっと押してあげようかなと思って、「ずいぶんおねえさんになったね。後はおもらしとぱっぱいの時がまだちょっと子どもかな〜」って言ったら、ちょっと考えて「わたし、今日からぱっぱいおしまいにする。それからひとりでおしっこに行く!」って言ったの。「え、大丈夫なの? なんで?」って聞いたら、「だってさ、この歯が痛そうだから、わたし、ぱっぱいきんしー」っておどけて言ったの。それ以来まったく授乳を求めなくなった。

純　娘が自分で決めたんだね。それはすごい。おねえさんっていうのは、魅力的な人になりたい気持ちの表われなのかな?

千尋　うーん。それもあると思うし、「大きくなりたい」気持ちかな。きっと、身体も心も。第三者の目が出来てきたとも言えるのかも。

純　この本では、卒乳する前の娘のことを書いたんだけど、3歳7か月頃までは短文で記録が出来たんだよね。でも、いまはもうそれが難しくて。娘自身も、その成長も、すごい複雑になってきてて、ひとつの現象を記録するのにたくさんのことを書かないといけないんだよ。

千尋　わたしはもう追い付けなくて、日記書けてないもん。純は、娘が卒乳してどんな気持ち?

純　寝かし付けが出来るようになったんだよね。それがすごい嬉しかった。これで千尋ちゃんに出来て、俺に出来ないことはもうないんじゃないかなぁと思ってるんだけど…、それは聞かないでおこうかな(笑)。

分かり合えないことを前提に

純　あとは、娘が生まれてからのパートナーシップについては悩んだね。はじめに、千尋ちゃんがこのゲラをどんな気持ちで読むか想像がつかなかったって言ったけど、娘が生まれてからはそんなことばっかり。いまの千尋ちゃんのことが俺には分からなくなってる。

千尋　わたし、今回、自分でつけた日

記を読み返したら、妊娠して、つわりが始まった時から、その辛さが純に伝わらないもどかしさを感じ始めていたの。それまでは、たいていのことは分かり合えると思ってた。だけど、子どもがお腹に来た時点で分かり合えないことがいっぱい出てくるんだよね。気持ちを伝えることをお互いにやめてしまったりもした。そうなると、ねえー？（笑）。

純 分かりたいとは思うんだけど、どうしたって完璧にそれを出来るわけがない。そうなると、どこかで「分かり合えない」ってことを前提にする必要が出てくる。そのことを認めるのは苦しいけど、俺たちにとってはそれをすることがとても大切だった。これが出来るまでにすごい時間がかかったよね。でも「いま、お互いのことが分かり合えなくなってる」って認め合ったら、俺はすごい楽になったよ。

千尋 なるほど。相手が分かってるだろうという期待をやめた上で、また一から相互理解を始めるって感じなのかな。それをするには、自分の抱えている弱さとか、あまり開示したくないようなネガティブな部分も見せないといけないんだなっていうことに、いま気付き始めてる。

純 それは俺も同じだなぁ。ただ、それってすごく大変なことだから、本当にそれが出来るのかは、これからのチャレンジになるのかな。まぁ、ひとまずいまは、こういうことを話し合えるようになったこと自体が、すごい成長だよ

なって思っ。

千尋 あと、最近思ってるのは、ありのままを生きる娘と一緒にいると、どうしても、自分の感情と向き合わざるを得なくなるってこと。いま、わたし焦ってるなぁとか、それ言われると落ち込むなぁとか思うんだけど、この感情ってわたしの中で起こっているだけで、娘には関係ないじゃない？ 娘は娘を生きているだけだから。でもこの感情が出てくると、もしかしたら娘がありのままに生きることを邪魔しちゃうかもしれない。それはしたくない。

純 でもそれってさ、千尋ちゃん自身の感情とか気持ちを蔑ろにすることにはならないの？ それは別に、してもいい邪魔なんじゃないかって感じもしちゃうんだけど。だって、この世界に生きているのは、娘だけじゃないんだから。みんながそれぞれの感情を持って生きる中で、互いにどう関係し合っていくかを学んでいくことも大事なんじゃないのかなぁ。

千尋 そうか。それって、夫婦や家族間だけじゃなく、友人も含めたあらゆる人間関係にも言えるのかもしれないね。

純 子どもを大切にするってことは、自分自身のことも、まわりの人のことも大切にするってことなのかもなぁ。

千尋 いやぁ。子育てって、本当に色んなことを教えてくれるねぇ。

純 俺たちはいま、もしかしたら娘に育てられているのかもしれないね（笑）。

あとがき

　この本の原稿を書いてからも時は進み、娘はいま、4歳になった。3歳の誕生日の時とは違い、4歳になった娘は自分が大きくなったという自覚が強いようで、毎日とても張り切っている。前は登れなかった木に急に登れるようになったり、自分の名前を書く練習をはじめたり、折り紙が折れるようになったりと、ものすごい勢いで成長している。もう、とうてい記録が追い付かない。

　これまでの娘は、僕と千尋さんと娘の3人の世界の中にいる時間が長かったので、娘の成長を見ることは比較的容易だった。でもいまは、毎日のように友達と遊んだり、近所の人たちにも積極的に話しかけるようになったので、目の前で起こる娘の変化や成長が、一体どこからやって来たものなのか、だんだん分からなくなってきた。いまのところ、娘はまだ親のそばにいてくれるけど、娘の世界と親の世界は、少しずつ離れていっている。本音を言うと寂しい気持ちがあるけれど、これも娘の然るべき成長の順序なのだろうと思う。であれば、僕はその変化を受け入れるしかない。

　この本を書いていて、僕は「観察」という行為が持つ重要な効果に気が付いた。僕にとっての「観察」とは、その対象をまるごと自分の中に受け入れるという意味を持つ。いまそこにある命の表現を見

て、相手のことを信じていく。するとそこには、自ずと愛が生まれる。僕は、単純な好奇心として娘の観察を始めたのだが、そのじつ、僕は娘のことを愛していたのだ。それも心から、深く深く。これからも、娘が健やかに楽しく成長してくれることを願う。

　感謝したい人がたくさんいます。なんといってもパートナーの千尋さんには、呑気に本を書かせてもらって感謝しかありません。これからも、互いに育ち合える関係を育んでいこう。

　ご自身も2児の父である編集者の景山さんには多大なサポートをいただきました。原稿書きとは違うところで、父なりの悩みや苦労にも共感していただけたことにはとても救われました。また、はじめにこの企画の相談に乗ってくれた編集者の村上さんにも感謝を申し上げます。グラフィックデザイナーの鈴木千佳子さんにデザインを担当していただけることを知った時には、思わず小躍りしました。期待通りの素敵な装丁デザイン、本当にどうもありがとうございました。

　また、僕だって昔は子どもでした。育ててくれたのは、父と母です。あまり直接言う機会もないけれど、この場を借りて伝えちゃいます。この世に生み、育ててくれて本当にどうもありがとう。この世界はとっても楽しいです。

　　　植物観察家　改め　いまは子ども観察家　　鈴木純

©satoko maeda

鈴木純
すずきじゅん

植物観察家。植物生態写真家。1986年東京都生まれ。

東京農業大学で造園学を学んだのち、青年海外協力隊に参加。

中国で砂漠緑化活動に従事する。帰国後、国内外の野生植物を見てまわり、

2018年にフリーの植物ガイドとして独立。

野山ではなく、まちなかをフィールドとした植物観察会を行っている。

2021年に第47回東京農業大学「造園大賞」を受賞。

著書に『そんなふうに生きていたのね まちの植物のせかい』

『種から種へ 命つながるお野菜の一生』(ともに雷鳥社)、

『ゆるっと歩いて草や花を観察しよう!すごすぎる身近な植物の図鑑』(KADOKAWA)、

監修に『はるなつあきふゆのたからさがし』(矢原由布子・アノニマ・スタジオ)、

『まちなか植物観察のススメ』(カツヤマケイコ・小学館)ほか、

雑誌等への寄稿多数。

Twitter:@suzuki_junjun

HP:https://beyond-ecophobia.com/

子どもかんさつ帖

2023年7月3日　初版第1刷発行

著者
鈴木純

発行人
前田哲次

編集人
谷口博文

アノニマ・スタジオ
〒111-0051　東京都台東区蔵前2-14-14 2F
TEL.03-6699-1064　FAX.03-6699-1070

発行
KTC中央出版
〒111-0051　東京都台東区蔵前2-14-14 2F

印刷・製本
シナノ書籍印刷株式会社

協力
鈴木千尋

デザイン
鈴木千佳子

校正
東京出版サービスセンター

編集
景山卓也

内容に関するお問い合わせ、ご注文などはすべて上記アノニマ・スタジオまでお願いします。
乱丁本、落丁本はお取替えいたします。本書の内容を無断で転載、複製、複写、放送、
データ配信などをすることは、かたくお断りいたします。定価はカバーに表示してあります。